# Lebkuchen

selbst gebacken

Gabriele Redden

Lebkuchen
selbst gebacken

Bassermann

# Inhalt

Der Elisenlebkuchen gilt als das Meister-
werk der Lebkuchenbäckerei, aber auch
die Honigkuchen erfreuen sich im Advent
großer Beliebtheit. Edelste Zutaten wie
Mandeln, kandierte Früchte, Honig und
exotische Gewürze sorgen für einen un-
vergleichlichen Geschmack. Ob Familie
oder Gäste, mit diesen Spezialitäten hin-
terlassen Sie einen bleibenden Eindruck.

Manche Lebkuchenrezepte werden seit Jahr-
hunderten in Familien von Generation zu
Generation weitergegeben. Denn Lebkuchen
zu backen hat bei uns eine beinahe ebenso
lange Tradition wie Weihnachten, das wich-
tigste und vor allem von den Jüngsten lang
erwartete Familienfest im Jahr. Und was
wäre die Adventszeit ohne den verführe-
rischen Duft frisch gebackener Lebkuchen
aus Mehl, Mandeln, Nüssen, Honig und
vielen weiteren Zutaten.

## Pfeffernüsse und Ausstecher 48

Wie abwechslungsreich im Geschmack und vielfältig in den Formen die Lebkuchenbäckerei sein kann, zeigen die dunklen und kräftig gewürzten Pfeffernüsse, die mit Schokolade überzogenen Aachener Printen und das Magenbrot. Aber auch als Baumschmuck, Springerle, Hirtenstäbchen oder Engel machen Lebkuchen eine gute Figur am Weihnachtsbaum oder der Kaffeetafel.

## Lebkuchen aus aller Welt 76

Lebkuchen erfreuen sich auch bei unseren europäischen Nachbarn größter Beliebtheit – das zeigen Baseler Leckerli, Schweizer Biberle, Elsässer Pain d'Épice und Thorner Kathrinchen sowie die feinwürzigen Lebkuchenrezepte aus Dänemark und Holland. Sogar bis in die vereinigten Staaten von Amerika hat es der Lebkuchen geschafft, wie die Lebkuchen Cookies beweisen: eine Erinnerung an die deutschen Einwanderer.

# Hoch lebe der Lebkuchen!

Es ist etwa 4000 Jahre her, dass die ersten Lebkuchen mesopotamische Backstuben mit ihrem so typischen, wunderbar würzigen Duft erfüllten. Und weil das Gebäck so beliebt war, verbreitete es sich schnell in der antiken Welt. Im alten Ägypten wurde den Pharaonen Honigkuchen auf ihre Reise ins Jenseits mitgegeben, in Griechenland wurde der Sage nach der Höllenhund Zerberus damit besänftigt. In Rom opferte man ihn den Göttern. Auch in unseren Breiten galt das Gebäck bis ins 18. Jahrhundert als kräftigende Heilnahrung, die nur in Apotheken erhältlich war. Hergestellt wurden die würzigen Laibe in Klöstern und besonderen Bäckereien, den Lebzeltereien.

## Die Kunst der Lebzelterei

»Pfefferkuchen« tauchten erstmals im 11. Jahrhundert in einer Handschrift des Klosters Tegernsee auf. Ein Hinweis auf die orientalischen Gewürze, die damals alle als Pfeffer bezeichnet wurden. Umschlagplätze für Waren aus dem Morgenland waren Städte wie Nürnberg und Aachen, beide weltbekannt für ihre Lebkuchenspezialitäten. Die

*Nürnberger Lebküchner, um 1520.*

Lebzeltereien, die im 13. und 14. Jahrhundert überall in Deutschland gegründet wurden, gehörten zu den reichsten und mächtigsten Zünften. Ein zukünftiger Lebzelter durfte nichts auf dem Kerbholz haben, musste von ehelicher Geburt sein und bei seinem Eintritt in die dreijährige Lehre zwei Pfund kostbares Bienenwachs abliefern. Dabei war die Lebzelterei weit mehr als ein Handwerk: Sie war eine Kunst. Ein guter Lebküchner wusste nicht nur alles über die perfekte Teigkonsistenz, er schnitzte auch selber kunstvolle Holzmodeln. Zu jener Zeit wurde der Lebkuchen noch in diesen Holzformen gebacken. Heute verwendet man Modeln nur noch für Springerle (siehe Seite 58). Zudem ließ sich der Lebkuchenteig variieren und gestalten. Ob üppig mit Mandeln und Nüssen angereichert, mit kostbaren Gewürzen verfeinert, zu aufwendigen Figuren geformt und sogar vergoldet. Lebkuchen durften bei den Hochzeiten von Adeligen und Königen nicht fehlen. Die köstlichste Spezialität aber buk man zu Ehren der Heiligen Elisabeth, der Schutzpatronin der Bäcker und Lebzelter, den Elisenlebkuchen.

# Die wichtigsten Zutaten

Alle Zutaten sollten frisch sein und vor Backbeginn bereitstehen. Eine Küchenwaage hilft beim genauen Abwiegen. Schüsseln in verschiedenen Größen, ein scharfes Messer und ein Handrührgerät mit Quirlen und Knethaken sind unverzichtbare Helfer in der Lebkuchenbäckerei. Dazu benötigen Sie die folgenden Grundzutaten:

**Mehl** aus Weizen, Dinkel und Roggen ist am besten zum Backen geeignet. Der Ausmahlungsgrad (Type) gibt den Anteil der Schalen des jeweiligen Getreides an: Niedrige Mehl-Typen wie 405 enthalten wenig davon und sind daher hell und schmecken mild; hohe Typen wie 1050 sind dunkler, reich an Mineralstoffen und herzhaft im Geschmack.

**Zucker** wird aus dem Zuckerrohr oder der Zuckerrübe gewonnen. Brauner Zucker enthält Spuren von Aromastoffen, die beim Backen oder Süßen von Speisen besondere Geschmacksnuancen ergeben. Puderzucker ist gemahlener Zucker und wird für Glasuren und zum Backen verwendet, während Hagelzucker zum Verzieren von Gebäck dient.

**Sirup** wie Ahorn- oder Rübensirup sowie Birnendicksaft wird durch mehrmaliges Kochen des Saftes hergestellt und enthält einen Zuckeranteil von 62 Prozent und mehr.

**Honig** war lange Zeit das einzige Süßungsmittel und ist auch heute noch in der Lebkuchenbäckerei unverzichtbar.

**Nüsse und Mandeln** enthalten viele aromatische, gesunde Pflanzenöle. Da sie nicht lange haltbar sind, verarbeiten Sie Nuss und Mandelkern am besten gleich nach dem Knacken weiter.

**Orangeat und Zitronat** sind die kandierten Schalen der Bitterorange (Pomeranze) oder der Zedratzitrone. Sie kommen im Stück oder bereits gewürfelt in den Handel und schenken Gebäck ein besonders feines, fruchtiges Aroma.

**Rosinen, Trockenfrüchte & Co.** Bei Rosinen handelt es sich um getrocknete Weinbeeren, die je nach Rebsorte auch als Sultaninen oder Korinthen angeboten werden. Wie alle getrockneten Früchte haben sie einen hohen Zucker-, aber auch gesunden Ballaststoffanteil und verleihen Kuchen, Plätzchen, Lebkuchen und Deserts eine aromatische Süße.

**Eier** kommen im Idealfall aus biologischer oder Freilandhaltung. So schmecken sie besser. Sie dienen als Bindemittel und liefern dem Gebäck Glanz, Farbe und Nährwert.

**Backpulver** eignet sich als Triebmittel für fast alle Kuchenteige. Es lässt sich leicht unter jede beliebige Mehlsorte mischen und ist geschmacksneutral.

**Natron** wird als Lockerungsmittel für besonders schwere Teigarten (z.B. Honigkuchenteig) verwendet.

**Pottasche und Hirschhornsalz** verwendet man bei schweren Lebkuchen- oder Honigkuchenteigen, die genauso viel Honig (oder Honig und Zucker) wie Mehl enthalten. Sie verleihen den Teigen zudem eine typische Geschmacksnote. Wichtig: Sie sollten immer getrennt voneinander angerührt werden.

# Lebkuchengewürze aus dem Morgenland

Schon im Altertum waren Gewürze von allen Völkern als Zutaten für Arzneien und die feine höfische Küche begehrt. Weil sie auf langen, abenteuerlichen Wegen transportiert wurden, waren sie oft so wertvoll wie Gold. Legenden und Geheimnisse rankten sich um die fernen Inseln und geheimnisvollen Ländern des Orients, aus denen sie kamen. Wer sich Pfeffer, Muskat, Zimt oder Kardamom leisten konnte, versprach sich davon Wunder wirkende Kräfte oder höchsten Genuss.

• **Anis** ist eines der ältesten Gewürze überhaupt und wurde schon in der Antike zu Heilzwecken verwendet. Sein Aroma ist würzig-süßlich. Anissamen verwendet man in Getränken, Salaten, Weihnachtsgebäck, Fettgebackenem, Obstgerichten und Konfitüren. Anis ist gemahlen oder als getrocknete Samenkörner im Supermarkt erhältlich.

• **Fenchel** stammt ursprünglich aus den Mittelmeerländern und ist mit dem Kümmel verwandt. Fenchel schmeckt anisähnlich und wird zum Würzen von Marinaden, Fisch, Wurst, Gemüse, Quark, Brot, Gebäck und Kuchen eingesetzt. Fenchel ist gemahlen oder als ganze getrocknete Samenkörner im Supermarkt erhältlich.

• **Gewürznelken** kommen ursprünglich von den sagenumwobenen Gewürzinseln, den Molukken. Sie schmecken sehr aromatisch und scharf und passen gut zu Zimt, Kardamom, Pfeffer. Sie eigenen sich für eingelegte Früchte, Marinaden und Wild sowie für Rotkohl und Weihnachtsgebäck. Gewürznelken sind gemahlen oder als getrocknete Blüte im Supermarkt erhältlich.

• **Ingwer** wird vor allem in Indien und China angebaut. Mit Ingwer kann man Gebäck, Getränke wie Tee, Schokolade oder Limonade (Ginger Ale) und viele asiatische Gerichte verfeinern. Ingwer ist frisch oder als getrocknete, gemahlene Wurzel im Supermarkt erhältlich.

• **Kardamom** wird heute überall in Südostasien angebaut. Seine Heimat allerdings ist Indien, aus dessen Küche er als Bestandteil des Currys nicht wegzudenken ist. Mit Kardamom werden Reis, Brot und Backwaren, Süßspeisen, Marinaden, Wurst und Fleisch sowie Obst und Obstsalate verfeinert. Kardamom ist gemahlen oder als getrocknete Samenkapseln im Supermarkt erhältlich.

• **Koriander** ist eines der ältesten Gewürze der Welt. Die ausgereiften, getrockneten Gewürzkörner besitzen ein süßes, würziges Aroma, das an getrocknete Orangenschalen, Zimt und Muskat erinnert. Er wird vorwiegend als Brotgewürz und in der Weihnachtsbäckerei verwendet. Koriander ist gemahlen oder als getrocknete Samenkörner im Supermarkt erhältlich.

• **Macis** ist auch als Muskatblüte bekannt, obwohl es sich dabei um den getrockneten Samenmantel der Muskatnuss handelt. Macis schmeckt angenehm-aromatisch, zarter und milder als Muskatnuss. Macis kann genauso verwendet werden wie Muskatnuss. Macis ist gemahlen oder im Ganzen getrocknet im gut sortierten Supermarkt erhältlich.

• **Muskat** kommt ursprünglich von den indonesischen Banda-Inseln. Die Bezeichnung »Nuss« ist botanisch falsch: Die Nuss ist tatsächlich der Samenkern einer aprikosenähnlichen Frucht. Muskat hat einen strengen, feurigen, leicht bitteren Geschmack. Daher sollte man ihn sparsam verwenden. Muskat harmoniert sehr gut mit Kardamom, Zimt, Nelken, Ingwer und Pfeffer. Er verfeinert aber auch pikante Gemüse, Gemüsesuppen, Soßen sowie Punsch und Glühwein. Muskat ist gemahlen oder als ganze Nuss im Supermarkt erhältlich.

• **Pfeffer** wächst vornehmlich in Indien, aber auch in Indonesien, Westafrika und Brasilien. Über Jahrhunderte war Pfeffer das teuerste Gewürz (daher stammt auch der Ausdruck »gepfefferte Preise«) und wurde sogar als Zahlungsmittel verwendet. Schwarzer Pfeffer wird für Gebäck, gebratenes Fleisch und Geflügel oder in Suppen und Saucen verwendet, weißer Pfeffer passt zu Saucen, hellem Gemüse und sogar zu Erdbeeren und eingelegtem Obst.

• **Piment** wird auch Nelkenpfeffer genannt. Die Maya würzten ihre Schokolade mit Piment, den Kolumbus fälschlicherweise für Pfeffer hielt und ihn deshalb »pimenta«, spanisch für Pfeffer nannte. Piment schmeckt nach Zimt, Muskat und Pfeffer. Piment würzt gebratenes Fleisch, Marinaden, Frikassees und Pasteten. Piment ist gemahlen oder als getrocknete Samenkörner im Supermarkt erhältlich.

• **Sternanis** wächst in Südostasien, riecht und schmeckt wie Anis, allerdings ist sein Aroma wesentlich intensiver. Man verwendet

*Model aus Schwaben. Auch Model-Schnitzen gehörte zur Kunst der Lebküchner.*

ihn bei uns in der Weihnachtsbäckerei, für Feingebäck, Pflaumenmus und Puddings. Sternanis ist gemahlen oder als getrocknete Samenkapsel im Supermarkt erhältlich.

• **Vanille**, die »Königin der Gewürze«, kommt ursprünglich aus Mittel-Amerika. Eine besonders gute Qualität hat Vanille von der Insel Réunion, die früher Bourbon hieß. Sie veredelt Desserts, Kuchen und Gebäck. Vanille ist als fermentierte Schote oder mit Zucker gemischt als Vanillezucker im Supermarkt erhältlich.

• **Zimt** stammt ursprünglich aus Sri Lanka. Erst im 14. Jahrhundert kam Zimt über Arabien nach Europa. Man verwendet Zimt für Backwaren, Süßspeisen, Kompotte, zu Gemüse und Fleisch. Zimt ist gemahlen oder als getrocknete Rinde im Supermarkt erhältlich.

# Lebkuchen-klassiker

Die Elisenlebkuchen, die ihren Namen der Schutzpatronin der Lebkuchenbäcker verdanken, sind die edelsten unter den Lebkuchen. Nur die besten Zutaten werden für sie verwendet. Das gilt auch für Honigkuchen und andere wohlgeformte Leckereien.

# Elisenlebkuchen mit Mandeln

**1** Das Zitronat und das Orangeat mit einem scharfen Messer fein hacken und beiseitestellen. Die Eiweiße und 50 Gramm Zucker in einer kleineren Schüssel mit dem Handrührgerät auf höchster Stufe schaumig schlagen. Dabei nach und nach den restlichen Zucker einrieseln lassen und zu festem Schnee schlagen. Die Marzipan-Rohmasse fein hacken und mit etwas Eischnee in einer großen Schüssel glatt rühren. Das Kakaopulver und das Hirschhornsalz darüberstreuen und unterrühren.

**2** Die Mandeln, das Mehl, den Zimt, das Lebkuchenge-würz und das Salz in einer Schüssel mischen. Die Mandel-Mehl-Mischung abwechselnd mit dem Eischnee unter die Marzipanmasse heben und 24 Stunden kühl stellen.

**3** Die Oblaten auf einer Arbeitsfläche auslegen und den Teig mit einem Esslöffel auf ihnen verteilen. Dabei einen kleinen Rand lassen, da die Elisenlebkuchen beim Backen noch etwas aufgehen. Vor dem Backen bei Zimmer-temperatur zwei Stunden trocknen lassen. Den Backofen auf 180 °C (Gas Stufe 2, Umluft 160 °C) vorheizen.

**4** Die Elisenlebkuchen auf einem mit Backpapier beleg-ten Blech etwa 15 Minuten goldbraun backen, sodass sie innen saftig bleiben. Auskühlen lassen und die Kuvertüre über einem heißen Wasserbad schmelzen. Die Hälfte der Lebkuchen mit flüssiger Kuvertüre bestreichen. Für die andere Hälfte den Puderzucker und 2 bis 3 Esslöffel Was-ser glatt rühren und auf die Lebkuchen streichen. Trock-nen lassen. Vor dem Verzehr in einer Blechdose etwa zwei Wochen lagern.

## Zutaten für ca. 25 Stück

### Teig
- 50 g Zitronat
- 50 g Orangeat
- 4 Eiweiß (M)
- 150 g Zucker
- 100 g Marzipan-Rohmasse
- 2 TL ungesüßter Kakao
- ¼ TL Hirschhornsalz
- 150 g gemahlene Mandeln
- 300 g Weizenmehl (Type 1050)
- 2 TL gemahlener Zimt
- 2 TL Lebkuchengewürz
- ¼ TL Salz
- eventuell etwas Wasser
- ca. 25 Oblaten (9 cm Ø)

### Außerdem
Backpapier

### Guss
- 200 g dunkle Kuvertüre
- 200 g Puderzucker

**Toig**
- 100 g Zitronat
- 100 g Orangeat
- 75 g Butter
- 125 g Zucker
- 2 Eier (M)
- 250 g Mehl (Type 1050)
- 200 g grob gehackte Walnüsse
- 100 g Sultaninen (Rosinen)
- 1 TL gemahlener Zimt
- ¼ TL gemahlene Nelken
- 1 TL ungesüßter Kakao
- ¼ TL Salz
- 2 TL Backpulver
- ca. 80 Oblaten

(5 cm Ø)

**Guss**
- 100 g Puderzucker
- 1 Eiweiß
- 1 EL Rum
- oder 250 g dunkle Kuvertüre

# Feine Elisenlebkuchen

**1** Das Zitronat und das Orangeat mit einem scharfen Messer fein hacken oder in der Küchenmaschine zerkleinern und beiseitestellen. Die Butter mit dem Zucker mit einem Handrührgerät auf höchster Stufe in einer großen Schüssel schaumig rühren. Nach und nach die Eier unterrühren, bis die Masse cremig ist.

**2** Das Mehl, die Nüsse, die Sultaninen, das fein gehackte Zitronat und Orangeat, die Gewürze, den Kakao, das Salz und das Backpulver in einer Schüssel vermischen und mit den Knethaken unter die Butter-Ei-Masse mischen. Den Teig abdecken und über Nacht kühl stellen.

**3** Den Backofen auf 200 °C (Gas Stufe 3, Umluft 180 °C) vorheizen. Die Oblaten auf einer Arbeitsfläche auslegen und den Teig mit einem Esslöffel auf ihnen verteilen. Dabei einen kleinen Rand lassen. Die Teighäufchen zwei Stunden trocknen lassen und anschließend im Backofen in etwa 20 Minuten goldbraun backen. Herausnehmen und auf einem Kuchengitter abkühlen lassen.

**4** Den Puderzucker, das Eiweiß und den Rum in einer kleinen Schüssel glatt rühren. Die Lebkuchen damit bestreichen oder die Kuvertüre über einem heißen Wasserbad schmelzen lassen und die Elisenlebkuchen damit überziehen. Die Lebkuchen trocknen lassen. Vor dem Verzehr zwischen Pergamentpapierlagen in einer Blechdose etwa zwei Wochen lagern.

**Teig**
- 450 g Zucker
- 6 Eier (M)
- 100 g Zitronat
- 100 g Orangeat
- 1 Päckchen Vanillezucker
- 240 g gehackte Haselnüsse
- 240 g gemahlene Haselnüsse
- 50 g gehackte Walnüsse
- abgeriebene Schale
von 1 unbehandelten Zitrone
- abgeriebene Schale
von 1 unbehandelten Orange
- ½ TL gemahlener Zimt
- ½ TL gemahlener Piment
- ½ TL geriebene Muskatnuss
- ½ TL gemahlene Gewürznelken
- ½ TL gemahlene Muskatblüte
(Macis)
- ¼ TL gemahlener Koriander
- ¼ TL gemahlener Kardamom
- ca. 80 Oblaten
(4 cm Ø)

**Guss**
- 200 g Puderzucker
- 2 Tropfen Zitronensaft
- 2 EL Wasser
- 30 Walnusshälften
- 120 Pistazienhälften
- 200 g dunkle Kuvertüre
- 30 geschälte, halbierte Mandeln

# Gewürz-Elisenlebkuchen

**1** Den Zucker, die Eier und den Vanillezucker in einer großen Schüssel mit dem Handrührgerät auf höchster Stufe schaumig rühren. Das Zitronat und das Orangeat mit einem scharfen Messer fein hacken oder mit einer Küchenmaschine fein zerkleinern. Die Hasel- und Walnüsse, das Zitronat und das Orangeat und zuletzt den Zitronen- und Orangenabrieb sowie alle Gewürze gründlich untermischen. Den Teig abdecken und für 24 Stunden in den Kühlschrank stellen.

**2** Den Backofen auf 200 °C (Gas Stufe 3, Umluft 180 °C) vorheizen. Die Oblaten auf einer Arbeitsfläche auslegen. Mit bemehlten Händen aus dem Teig kleine Kugeln von je etwa 20 Gramm formen und auf die Oblaten setzen. Jeweils 20 belegte Oblaten auf einem Backblech verteilen. Im Backofen etwa 15 Minuten backen und auf einem Kuchengitter auskühlen lassen.

**3** Den Puderzucker, den Zitronensaft und das Wasser in einer kleinen Schüssel glatt rühren. Die Hälfte der Lebkuchen mit dieser hellen Glasur bestreichen und je eine Walnusshälfte oder eine Pistazienhälfte daraufsetzen.

**4** Die dunkle Kuvertüre über dem heißen Wasserbad schmelzen und die übrigen Lebkuchen damit glasieren. Jeden Lebkuchen mit einer Mandelhälfte dekorieren. Vor dem Verzehr zwischen Pergamentpapierlagen in einer Blechdose etwa zwei Wochen lagern.

# Lebkuchentorte

**Teig**
- 250 g gemahlene Haselnüsse
- 200 g Butter
- 7 Eier (M)
- 300 g ungefüllte Lebkuchenherzen
- 150 g Zucker
- 1 ½ EL Lebkuchengewürz
- 2 ½ EL flüssiger Honig
- 100 ml Rum

**Außerdem**
- Springform
- Backpapier
evtl. Pergamentpapier

**Füllung**
- 150 g Johannisbeergelee

**Guss**
- 250 g dunkle Kuvertüre

**1** Den Backofen auf 175 °C (Gas Stufe 2, Umluft 155 °C) vorheizen. Die Eier trennen und die Eiweiße beiseitestellen. Die Butter mit dem Zucker mit einem Handrührgerät auf höchster Stufe in einer großen Schüssel schaumig rühren. Nach und nach die Eigelbe und das Lebkuchengewürz unterrühren.

**2** Die Lebkuchenherzen im Mixer zerkleinern oder in einen Gefrierbeutel geben und mit einem Nudelholz zerkrümeln. Die Lebkuchenbrösel mit dem Honig, den Nüssen und dem Rum unter den Teig rühren.

**3** Die Eiweiße in einer kleineren Schüssel mit dem Handrührgerät auf höchster Stufe steif schlagen und unter den Teig heben.

**4** Das Backpapier auf dem Boden der Springform mithilfe des Randes einklemmen. Den Teig einfüllen und Backpapier oder Pergamentpapier darüberlegen, damit die Oberfläche nicht zu braun wird. Im Ofen auf mittlerer Schiene etwa 75 Minuten backen. Nach 50 Minuten Backzeit das Pergamentpapier entfernen. Den Kuchen herausnehmen, mit einem scharfen Messer aus der Form lösen und auf einem Kuchengitter abkühlen lassen.

**5** Die Kuvertüre über einem heißen Wasserbad schmelzen. Den Kuchen quer halbieren. Das Johannisbeergelee in einem kleinen Topf unter Rühren erwärmen und die untere Tortenhälfte damit bestreichen. Mit der zweiten Hälfte bedecken und mit Kuvertüre bestreichen. Erkalten lassen und servieren.

**Teig**
- 300 g Honig
- 200 g Butter
- 150 g Zucker
- 4 Eier (M)
- 500 g Weizenmehl (Type 1050)
- 1 Päckchen Backpulver
- ½ TL Ingwer
- 1 TL gemahlener Zimt
- 1 TL gemahlener Piment
- ¼ TL gemahlene Gewürznelken
- 100 ml Milch
- 20 g Butter für die Form

**Außerdem**
- Kastenform (30 cm Länge)

# Ostfriesischer Honigkuchen

**1** Den Backofen auf 175 °C (Gas Stufe 2, Umluft 155 °C) vorheizen. In einem kleinen Topf den Honig unter Rühren leicht erwärmen. Dabei darauf achten, dass Sie ihn nicht über 40 °C erhitzen, da sonst seine wertvollen Inhaltsstoffe verloren gehen.

**2** Die zimmerwarme Butter in kleine Stücke schneiden und mit dem Zucker in einer großen Schüssel mit dem Handrührgerät auf höchster Stufe schaumig schlagen. Die Eier nach und nach sorgfältig unterrühren, sodass eine cremige Masse entsteht. Das Mehl und das Backpulver mischen, über die Zucker-Ei-Masse sieben und gründlich darunterrühren. Den warmen Honig, den Ingwer, den Zimt, den Piment und die Nelken daruntermischen. Nach und nach die zimmerwarme Milch zugießen und alle Zutaten zu einem glatten, geschmeidigen Teig rühren.

**3** Eine Kastenform mit Butter fetten, den Teig einfüllen und anschließend etwa 60 Minuten backen. Zur Garprobe stechen Sie mit einem Holzstäbchen in die Mitte des Kuchens. Bleiben noch Teigreste hängen, verlängern Sie die Backzeit um 5 bis 10 Minuten.

**4** Anschließend herausnehmen, mit einem scharfen Messer aus der Form lösen und auf einem Kuchengitter abkühlen lassen. Der Honigkuchen schmeckt zum Nachmittagstee oder -kaffee genauso köstlich wie zum Frühstück. Dazu schneiden Sie ihn traditionell in Scheiben und servieren ihn mit kalter Butter.

## Zutaten für ca. 80 Stück

### Teig

- 200 g Butter
- 180 g Honig
- 5 Eier (M)
- 100 g Speisestärke
- 200 g Mehl
- 200 g dunkle Blockschokolade
- 60 g Zitronat
- 60 g Orangeat
- 2 TL gemahlener Zimt
- ½ TL gemahlene Muskatnuss
- 1 TL gemahlene Gewürznelken
- 200 g gehackte Haselnüsse

### Außerdem

- Butter zum Fetten

### Guss

- 300 g Puderzucker
- 2 Eiweiße
- 2 Tropfen Sonnenblumenöl
- gehackte Pistazien
- kandierte Orangenschale

# Honigküchlein

**1** Die zimmerwarme Butter in Stücke schneiden und mit dem Honig und den Eiern in eine große Schüssel geben. Die Zutaten mit dem Handrührgerät auf höchster Stufe schaumig rühren. Die Speisestärke und das Mehl mischen und darunterheben.

**2** Die Blockschokolade fein reiben und das Zitronat sowie das Orangeat mit einem scharfen Messer fein schneiden oder mit der Küchenmaschine zerkleinern. Nach und nach den Zimt, den Muskat, die Nelken, die Schokoladenraspel, die Haselnüsse, Zitronat und Orangeat daruntermischen, sodass ein geschmeidiger Teig entsteht. Abdecken und 30 Minuten ruhen lassen.

**3** Den Backofen auf 200 °C vorheizen (Gas Stufe 3, Umluft 180 °C). Ein Backblech gut einfetten und den Teig mithilfe eines breiten Messers oder einer Palette darauf in etwa zwei Zentimeter Höhe glatt streichen. Den Honigkuchen auf der mittleren Schiene etwa 20 Minuten goldbraun backen.

**4** Herausnehmen und noch warm mit einem scharfen Messer in gleichmäßige Rauten schneiden. Auf dem Backblech abkühlen lassen. Den Puderzucker mit den Eiweißen und dem Pflanzenöl in einer kleinen Schüssel glatt rühren. Die Honigküchlein damit bestreichen. Die Orangenschale in feine Streifen schneiden und abwechselnd mit den Pistazien auf die Rauten streuen.

**Teig**
- 125 g Butter
- 120 g Zucker
- 60 g Honig
- 2 Eier (M)
- 300 g Mehl
- 2 TL Backpulver
- 2 EL ungesüßter Kakao
- 1 Päckchen Lebkuchengewürz
- 200 ml Milch

**Außerdem**
- Muffinform
- evtl. 12 Muffin-Papierförmchen
- Butter zum Fetten

**Glasur**
- 250 g Puderzucker
- 1 EL weiche Butter
- Lebensmittelfarbe
- oder 200 g dunkle Kuvertüre

# Lebkuchen-Muffins

**1** Den Backofen auf 200 °C (Gas Stufe 3, Umluft 180 °C) vorheizen. Die zimmerwarme Butter in kleine Stücke schneiden und mit dem Zucker in eine große Schüssel geben. Beide Zutaten mit dem Handrührgerät auf höchster Stufe cremig rühren. Den Honig und die Eier zugeben und alles auf höchster Stufe schaumig rühren.

**2** Das Mehl in einer Schüssel mit dem Backpulver, dem Kakao und dem Lebkuchengewürz mischen. Abwechselnd eine Portion der Mehlmischung und etwas Milch zum Teig geben, bis er glatt und cremig ist.

**3** Die Muffinmulden entweder mit Muffinförmchen aus Papier auslegen oder die Form gründlich mit Butter fetten. Es gibt auch beschichtete oder Silikon-Muffinformen im Handel, die Sie nicht fetten müssen. Mithilfe eines Esslöffels den Teig in die Förmchen füllen und etwa 15 Minuten backen.

**4** Den Puderzucker mit zwei Esslöffel Wasser glatt rühren und die Butter unterrühren. Die Glasur in zwei Portionen aufteilen und mit jeweils ein paar Tropfen Lebensmittelfarbe einfärben. Die Muffins mit den bunten Glasuren bestreichen und trocknen lassen. Alternativ die Kuvertüre über einem heißem Wasserbad schmelzen und die Muffins damit glasieren. Wenn es schnell gehen soll, können Sie auf den Guss selbstverständlich verzichten. Trocknen lassen und frisch servieren.

**Teig**
- 8 Eier
- 200 g Vollmilchschokolade
- 500 g Rohrzucker
- 200 g gemahlene Mandeln
- 200 g gemahlene Haselnüsse
- 200 g gemahlene Walnüsse
- 100 g Mehl
- 2 EL gemahlener Zimt
- ½ TL Piment

**Außerdem**
- Springform
- Butter zum Fetten

**Guss**
- 125 g Vollmilchkuvertüre
- 125 g Halbbitterkuvertüre
- grobe Schokoladenraspel

# Weihnachts-Schokokuchen

**1** Den Backofen auf 175 °C (Gas Stufe 2, Umluft 155 °C) vorheizen. Die Eier trennen und die Eigelbe beiseitestellen. Die Eiweiße in einer kleinen Schüssel mit dem Handrührgerät auf der höchsten Stufe zu sehr steifem Schnee schlagen und beiseitestellen.

**2** Die Schokolade mit einem scharfen Messer fein hacken oder in der Küchenmaschine zerkleinern. Jetzt die Eigelbe und den Zucker in einer Schüssel mit dem Handrührgerät auf der höchsten Stufe schaumig rühren. Nach und nach die Schokoladenstückchen und die Nüsse hinzufügen. Das Mehl darübersieben und gründlich mit der Schoko-Nuss-Masse verrühren. Die Gewürze zufügen und untermischen. Das steif geschlagene Eiweiß zum Abschluss unter die Masse ziehen.

**3** Eine Springform mit Butter ausfetten und den Teig einfüllen. Mit einem breiten Messer oder einer Palette glatt streichen und auf der mittleren Schiene etwa 60 bis 70 Minuten backen. Mit einem Holzstäbchen prüfen, ob der Kuchen fertig ist. Sollten noch Teigreste daran haften, die Backzeit um ein paar Minuten verlängern. Mit einem scharfen Messer aus der Form lösen und auf einem Kuchengitter auskühlen lassen.

**4** Beide Kuvertüren grob hacken und zusammen über einem Wasserbad schmelzen. Den Schokoguss auf den erkalteten Kuchen streichen und nach Belieben mit einigen Schokoladenraspel verzieren. Trocknen lassen und zum Nachmittagskaffee oder -tee oder Kindergeburtstag servieren.

# Die schönsten Familienrezepte

Der Duft frisch gebackener Lebkuchen stimmt das ganze Haus weihnachtlich – vor allem wenn alle beim Backen mithelfen. Und zu tun gibt es reichlich, vom Rühren des Teiges über das Ausstechen von besonderen Lebkuchenformen bis hin zum Naschen der Teigreste oder der fertigen Lebkuchen.

# Opa Gustavs Lebkuchen

**1** Die Sultaninen, das Zitronat und das Orangeat mit einem Messer fein hacken oder in der Küchenmaschine zerkleinern. Den Honig mit dem Zucker verrühren und in einem kleinen Topf unter Rühren leicht erwärmen, bis der Zucker sich vollständig aufgelöst hat.

**2** Das Mehl mit dem Natron, dem Kakao, den Gewürzen, der Zitronenschale und den Nüssen in einer großen Schüssel gut vermischen. Den erwärmten Honig mit dem Zucker, die weiche Butter und die Eier mit dem Knethaken des Handrührgeräts nach und nach einarbeiten. Den Teig zu einer Kugel formen und in Folie gewickelt über Nacht an einem kühlen Platz ruhen lassen.

**3** Den Backofen auf 175 °C (Gas Stufe 2; Umluft 155 °C) vorheizen. Den Teig nochmals gut durchkneten und mithilfe eines Nudelholzes auf einer bemehlten Arbeitsfläche ca. ½ Zentimeter dick ausrollen. Herzen und Sterne ausstechen und nicht zu dicht auf ein mit Backpapier belegtes Blech legen.

**4** Die Eigelbe und die Milch mit einem Schneebesen verquirlen und die Lebkuchen damit bepinseln. Jeden Lebkuchen mit je einer Mandelhälfte belegen und im Backofen etwa 12 bis 15 Minuten backen. Zum Auskühlen auf ein Kuchengitter legen. Vor dem Verzehr zwischen Pergamentpapierlagen in einer Blechdose etwa zwei Wochen lagern.

## Zutaten für ca. 100 Stück

### Teig
- 100 g Sultaninen (oder Rosinen)
- 60 g Zitronat
- 100 g Orangeat
- 12 EL Honig
- 400 g Rohrzucker
- 500 g Roggenvollkornmehl
- 300 g Dinkelvollkornmehl
- 2 TL Natron
- 20 g ungesüßtes Kakaopulver
- 20 g Lebkuchengewürz
- 2 TL gemahlener Zimt
- 1 TL gemahlene Gewürznelken
- abgeriebene Schale von 1 unbehandelten Zitrone
- 140 g fein gehackte Haselnüsse
- 90 g weiche Butter
- 4 Eier (L)

### Außerdem
- Backpapier
- Ausstecher (Herzen, Sterne)

### Guss
- 2 Eigelb (M)
- 3 EL Milch
- ca. 100 geschälte, halbierte Mandeln

**Teig**
- 8 g Hirschhornsalz
- 250 g Honig
- 250 g Zucker
- 200 ml Wasser
- ¼ TL Salz
- 1 EL Lebkuchengewürz
- 700 g Weizenmehl (Type 1050)

**Außerdem**
- Mehl zum Ausrollen
- Ausstecher (Sterne)
- Backpapier

**Guss**
- 250 g Puderzucker
- 1 EL weiche Butter
- Lebensmittelfarbe
(z.B. rot, grün oder gelb)

# Honigsterne

**1** Das Hirschhornsalz in 2 Esslöffel Wasser auflösen. Den Honig, den Zucker und das Wasser in einen Topf geben und unter Rühren erwärmen, bis sich der Honig und der Zucker aufgelöst haben. Den Topf vom Herd ziehen. Das Salz und das Lebkuchengewürz unterrühren. Anschließend abkühlen lassen.

**2** Das Mehl in eine Schüssel geben und die Honig-Zucker-Masse unterrühren. Das Hirschhornsalz und das Lebkuchengewürz zufügen und alles zu einem geschmeidigen Teig verkneten. Den Teig zu einer Kugel formen, in Folie wickeln und mindestens drei Tage kühl lagern.

**3** Den Backofen auf 180 °C (Gas Stufe 2, Umluft 160 °C) vorheizen. Den Lebkuchenteig auf einer bemehlten Arbeitsfläche ca. ½ Zentimeter dick ausrollen. Aus dem Teig Sterne ausstechen und auf ein mit Backpapier ausgelegtes Backblech setzen. Die Lebkuchensterne mit etwas Wasser einpinseln und nochmals 10 Minuten ruhen lassen. Anschließend im Backofen 12 bis 15 Minuten goldbraun backen. Vom Blech heben und gut auf einem Kuchengitter auskühlen lassen.

**4** Den Puderzucker mit 2 Esslöffel Wasser glatt rühren und die Butter unterrühren. Die Glasur in drei Portionen aufteilen und zwei Portionen mit jeweils ein paar Tropfen roter, grüner oder gelber Lebensmittelfarbe zu einem Pastellton einfärben. Die Sterne mit den unterschiedlichen Farben bestreichen und gut trocknen lassen. Vor dem Verzehr zwischen Pergamentpapierlagen in einer Blechdose etwa zwei Wochen lagern.

**Teig**
- 2 Eier (M)
- 180 g brauner Zucker
- 2 EL flüssiger Honig
- 300 g Roggenmehl (Type 1150)
- ½ Päckchen Backpulver
- abgeriebene Schale
von ½ unbehandelten Zitrone
- 1 TL gemahlener Zimt
- 1 TL gemahlener Piment
- ¼ TL gemahlene Muskatblüte
(Macis)
- 50 g kandierte Früchte
- 50 g gehackte Walnüsse
- 50 g Rosinen
- 250 g Aprikosenkonfitüre

**Außerdem**
- Klarsichtfolie
- Butter zum Fetten

**Guss**
- 250 g dunkle Kuvertüre
- 30 Walnusshälften

# Gefüllte Lebkuchen

**1** Die Eier mit dem Zucker und dem Honig mit dem Handrührgerät in einer großen Schüssel schaumig schlagen. Das Mehl mit dem Backpulver, dem Zimt, dem Piment und der Muskatblüte vermischen und nach und nach darunterheben. Die Mischung zu einem geschmeidigen Teig verkneten. Den Teig zu einer Kugel formen, in Klarsichtfolie wickeln und ein bis zwei Tage kühl stellen.

**2** Den Backofen auf 180 °C (Gas Stufe 2, Umluft 160 °C) vorheizen. Das Backblech mit etwas Butter einfetten. Die Aprikosenkonfitüre in einem kleinen Topf mit zwei Esslöffel Wasser verrühren und leicht erwärmen. Die kandierten Früchte, Walnüsse und Rosinen mit einem Messer fein hacken oder in der Küchenmaschine zerkleinern.

**3** Den Teig in zwei Hälften teilen und zu zwei je ½ Zentimeter dicken Rechtecken ausrollen. Eine Teigplatte auf das Blech setzen und mit einem breiten Messer Aprikosenkonfitüre darauf streichen. Die kandierten Früchte, gehackten Nüsse und Rosinen über die Konfitüre streuen. Die zweite Teigplatte darauflegen und andrücken. Auch an den Rändern zusammendrücken.

**4** Den Lebkuchen auf der mittleren Schiene des Backofens etwa 20 Minuten backen. Gut auskühlen lassen und in Rauten schneiden. Die Kuvertüre über dem Wasserbad schmelzen und die Lebkuchen damit bestreichen. Nach Belieben mit Walnusshälften verzieren. Vor dem Verzehr zwischen Pergamentpapierlagen in einer Blechdose etwa zwei Wochen lagern.

**Teig**
- 2 TL Hirschhornsalz
- 500 g Honig
- 625 g Zucker
- 125 g Butter
- 1 Tasse Bohnenkaffee
- 100 ml Milch
- 1000 g Weizenmehl (Type 1050)
- 1 Päckchen Backpulver
- 2 TL gemahlener Zimt
- 2 TL gemahlener Anis
- ¼ TL gemahlene Nelken
- 2 EL ungesüßter Kakao
- ½ TL geriebene Muskatnuss
- 2 Eier (M)

**Außerdem**
- Butter zum Fetten

**Guss**
- 500 g dunkle Kuvertüre
- 300 g Kokosraspel

# Kokos-Würfel

**1** Den Backofen auf 180 °C (Gas Stufe 2, Umluft 160 °C) vorheizen. Das Hirschhornsalz in einer kleinen Schüssel in 2 Esslöffel Wasser auflösen und beiseitestellen. Den Honig mit dem Zucker in einen kleinen Topf geben, erwärmen und unter Rühren auflösen. Die Butter hinzufügen und abkühlen lassen. Den Kaffee und die Milch dazugießen.

**2** Das Mehl in einer großen Schüssel mit dem Backpulver vermischen. Die Honig-Zucker-Mischung darunterrühren. Das Hirschhornsalz, den Kakao sowie die Gewürze hinzufügen. Die beiden Eier dazugeben und alles zu einem geschmeidigen Teig verkneten. Falls er zu flüssig ist, eventuell noch etwas Mehl einarbeiten.

**3** Eine Fettpfanne oder ein anderes tiefes Backblech mit etwas Butter fetten, den Teig hineingeben und mithilfe eines breiten Messers oder einer Palette glatt streichen. Im Backofen etwa 25 Minuten backen. Gut abkühlen lassen. Die Lebkuchenplatte in jeweils zwei mal zwei Zentimeter große Würfel schneiden.

**4** Die Kuvertüre über einem heißen Wasserbad schmelzen. Die Kokosflocken in einen tiefen Teller streuen. Die Lebkuchenwürfel in den Guss tauchen, danach in den Flocken wälzen und auf einem Kuchengitter trocknen lassen. Vor dem Verzehr zwischen Pergamentpapierlagen in einer Blechdose etwa eine Woche lagern.

**Toig**
- 200 g Honig
- 50 g brauner Zucker
- 1 Eigelb
- 1 Prise Salz
- 1 EL ungesüßter Kakao
- abgeriebene Schale
von 1 unbehandelten Zitrone
- 2 TL Lebkuchengewürz
- 2 TL Pottasche
- 50 g Orangeat
- 50 g Zitronat
- 300 g Weizenmehl (Type 1050)
- 100 g Mandelstifte

**Außerdem**
- Mehl zum Ausrollen
- Butter zum Fetten
- runder Ausstecher
(8 cm Ø)

**Guss**
- 100 g dunkle Kuvertüre
- 125 g Puderzucker
- 2–3 EL Wasser

**Dekoration**
- 50 g kandierte Kirschen
- 50 g geschälte, halbierte
Mandeln

# Nürnberger Lebkuchen

**1**  Den Honig und den Zucker in einem kleinen Topf unter Rühren erhitzen, bis sich der Honig und der Zucker aufgelöst haben. Abkühlen lassen und in eine große Schüssel geben. Das Eigelb, den Kakao, den Zitronen-abrieb und das Lebkuchengewürz unter die Mischung rühren. Die Pottasche in einer kleinen Schüssel mit 2 Esslöffel Wasser glatt rühren und dazugeben.

**2**  Den Backofen auf 180 °C (Gas Stufe 2, Umluft 160 °C) vorheizen. Das Orangeat und das Zitronat mit einem scharfen Messer oder in einer Küchenmaschine fein ha-cken und zum Teig geben. Mit dem Mehl und den Man-delstiften zu einem Teig verkneten. Die Arbeitsfläche mit Mehl bestreuen und den Teig darauf gut einen Zentimeter dick ausrollen. Runde Lebkuchen ausstechen.

**3**  Ein Backblech mit Butter fetten und die Lebkuchen darauf in etwa 20 Minuten goldbraun backen. Auf einem Kuchengitter auskühlen lassen.

**4**  Die Kuvertüre über dem heißen Wasserbad schmel-zen und die Hälfte der Lebkuchen damit bestreichen. Den Puderzucker in einer kleinen Schüssel mit dem Wasser glatt rühren und die andere Hälfte der Lebkuchen damit bestreichen. Auf dem Kuchengitter etwas trocknen lassen und jeden Lebkuchen mit vier Mandelhälften und einer kandierten Kirsche verzieren. Vor dem Verzehr zwischen Pergamentpapierlagen in einer Blechdose etwa zwei Wochen lagern.

**Toig**

- 75 g Zitronat
- 75 g Orangeat
- 4 Eier (M)
- 250 g brauner Zucker
- 250 g Weizenmehl (Type 1050)
- 75 g gehackte Mandeln
- 200 g gemahlene Haselnüsse
- 1 TL gemahlener Zimt
- ½ Päckchen Backpulver
- ¼ TL gemahlene Gewürznelken
- ¼ TL gemahlener Kardamom
- ¼ TL geriebene Muskatnuss
- ca. 65 Oblaten (5 cm Ø)

**Guss**

- 200 g Puderzucker
- 3 EL Zitronensaft
- 65 geschälte, halbierte Mandeln

# Selinas Lebkuchen

**1** Das Zitronat und das Orangeat mit einem scharfen Messer fein hacken oder in einer Küchenmaschine zerkleinern. Die Eier und den Zucker in einer Schüssel mit dem Handrührgerät cremig rühren. Das Mehl, die Mandeln, die Haselnüsse, das Orangeat, das Zitronat, den Zimt, das Backpulver und die übrigen Gewürze dazugeben und gut untermischen.

**2** Je einen Esslöffel Teig auf die Oblaten geben. Mit angefeuchteten Fingern in Form streichen und auf ein Backblech setzen. Die Lebkuchen beiseitestellen und 12 Stunden antrocknen lassen.

**3** Den Backofen auf 160 °C (Gas Stufe 1, Umluft 140 °C) vorheizen. Ein Backblech mit Backpapier belegen und die Lebkuchen daraufsetzen. Die Lebkuchen auf der mittleren Schiene etwa 18 bis 20 Minuten backen. Auf einem Kuchengitter abkühlen lassen.

**4** In einer kleinen Schüssel den Puderzucker mit dem Zitronensaft glatt rühren und die Lebkuchen damit bestreichen. Auf jeden Lebkuchen eine Mandel setzen und trocknen lassen. Vor dem Verzehr zwischen Pergamentpapierlagen in einer Blechdose etwa zwei Wochen lagern.

**Teig**
- 150 g Zucker
- 300 g Zuckerrübensirup
- 50 g Butter
- 1 Tasse starker Bohnenkaffee
- 500 g Weizenmehl (Type 1050)
- 1 Ei (M)
- 1 Päckchen Backpulver
- 1 Päckchen Lebkuchengewürz

**Außerdem**
- Butter zum Fetten
- rechteckige Auflaufform
(30 x 39 cm)

**Dekoration**
- 250 g Hagelzucker
- 200 g gehackte Haselnüsse

# Oma Schüllers Lebkuchen

**1** Den Backofen auf 180 °C (Gas Stufe 2, Umluft 160 °C) vorheizen. Die Auflaufform mit etwas weicher Butter gründlich einfetten.

**2** Den Zucker mit dem Zuckerrübensirup, dem abgekühlten Kaffee und der Butter in einen kleinen Topf geben, erhitzen und unter Rühren den Zucker schmelzen. Die Mischung abkühlen lassen.

**3** Das Mehl, das Ei, das Backpulver und das Lebkuchengewürz in eine große Schüssel geben und vermischen. Die abgekühlte Zuckermischung darunterrühren und alles zu einem geschmeidigen Teig verkneten.

**4** Den Teig in die gefettete Auflaufform geben und mit dem Hagelzucker und den gehackten Haselnüssen bestreuen. Im Backofen etwa 30 Minuten goldbraun backen. Gegen Ende der Backzeit ein Holzstäbchen in die Mitte des Lebkuchens stechen und prüfen, ob keine Teigreste daran kleben bleiben. Falls schon, die Backzeit noch um ein paar Minuten verlängern.

**5** Die Lebkuchen auf einem Kuchengitter auskühlen lassen und mit einem scharfen Messer in kleine Rechtecke von 3 x 4 Zentimeter schneiden. Vor dem Verzehr zwischen Pergamentpapierlagen in einer Blechdose etwa zwei Wochen lagern.

**Teig**
- 70 g Zitronat
- 70 g Orangeat
- 7 g Hirschhornsalz
- 500 g brauner Zucker
- 3 Eier (M)
- 250 g trockene Croissants
- 400 g gemahlene Haselnüsse
- 200 g gemahlene Mandeln
- 1 Päckchen Lebkuchengewürz
- ½ TL gemahlener Zimt
- ¼ TL gemahlene Gewürznelken
- 250 g Weizenmehl (Type 1050)
- ca. 80 rechteckige Oblaten

**Außerdem**
- Backpapier

**Guss**
- 250 g Puderzucker
- 2 EL Zitronensaft
- 200 g dunkle Kuvertüre

# Zitronen-Lebkuchen

**1** Den Backofen auf 180 °C (Gas Stufe 2, Umluft 160 °C) vorheizen. Das Zitronat und das Orangeat mit einem scharfen Messer fein hacken oder in der Küchenmaschine zerkleinern. Das Hirschhornsalz in einem Esslöffel Wasser auflösen und beiseitestellen.

**2** Den Zucker und die Eier mit einem Handrührgerät in einer großen Schüssel schaumig schlagen. Die Croissants in einer Schüssel mit nur so viel kaltem Wasser einweichen, dass sie gut getränkt sind und keine Flüssigkeit übrig bleibt. Anschließend gut mit den Fingern ausdrücken und in Stücke rupfen. Die Croissantstücke unter die Zucker-Ei-Masse heben. Die Haselnüsse, die Mandeln, alle Gewürze sowie das Zitronat und das Orangeat gründlich untermischen.

**3** Das Mehl und das aufgelöste Hirschhornsalz unter die Schaummasse heben und zu einem geschmeidigen Teig verkneten. Die Oblaten auf einem mit Backpapier belegten Backblech auslegen und mit einem Esslöffel abgestochene Teigportionen darauf verteilen. In den Backofen geben und etwa 15 Minuten backen. Gut auf einem Kuchengitter auskühlen lassen.

**4** Den Puderzucker mit 2 Esslöffel Zitronensaft glatt rühren und auf die Hälfte der Lebkuchen streichen. Die Kuvertüre über einem heißen Wasserbad schmelzen und damit die andere Hälfte der Lebkuchen bestreichen. Vor dem Verzehr zwischen Pergamentpapierlagen in einer Blechdose etwa zwei Wochen lagern.

## Zutaten für ca. 100 Stück

**Teig**
- 500 g Sultaninen (Rosinen)
- 200 g Zitronat
- 200 g Orangeat
- 12 cl Rum
- 10 g Pottasche
- 500 g Zucker
- 10 Eier (M)
- 250 g weiche Butter
- 500 g gemahlene Haselnüsse
- 2 TL gemahlener Zimt
- ½ TL gemahlene Gewürznelken
- 200 g Semmelbrösel
- 6 EL Weizenmehl (Type 1050)
- ca. 100 runde Oblaten (7 cm Ø)

**Außerdem**
- Backpapier

**Guss**
- 250 g dunkle Kuvertüre
- evtl. Rosinen und kandierte Früchte

# Schoko-Nuss-Lebkuchen

**1** Die Sultaninen, das Zitronat und das Orangeat mit einem scharfen Messer fein hacken oder in der Küchenmaschine zerkleinern und in eine Schüssel geben. Den Rum darübergießen, die Mischung abdecken und alles 2 Stunden ziehen lassen.

**2** Die Pottasche in einer kleinen Schüssel mit einem Esslöffel Wasser auflösen. Den Zucker und die Eier in einer Schüssel mit dem Handrührgerät schaumig schlagen. Die zimmerwarme Butter in Stücke schneiden und darunterrühren. Die Haselnüsse, die Gewürze, die Pottasche und die Semmelbrösel sowie das Mehl unterheben und zu einem geschmeidigen Teig verkneten. Bei Bedarf noch etwas Mehl zugeben. Den Teig abdecken und über Nacht kühl stellen.

**3** Den Backofen auf 180 °C (Gas Stufe 2, Umluft 160 °C) vorheizen. Die Oblaten auf der Arbeitsfläche auslegen. Den Teig mithilfe eines Esslöffels abstechen, auf die Oblaten streichen und diese auf ein mit Backpapier belegtes Backblech setzen. Auf der mittleren Schiene im Backofen 20 bis 25 Minuten backen. Auf einem Kuchengitter gut auskühlen lassen.

**4** Die Kuvertüre über einem heißen Wasserbad schmelzen und die Lebkuchen damit bestreichen. Nach Belieben mit Rosinen oder gehackten kandierten Früchten bestreuen und auf einem Kuchengitter trocknen lassen. Vor dem Verzehr zwischen Pergamentpapierlagen in einer Blechdose etwa zwei Wochen lagern.

**Zutaten für ca. 60 Stück**

**Teig**
- 125 g flüssiger Honig
- 2 Eier
- 250 g Zucker
- 1 1/2 TL Zimt
- 2 TL Lebkuchengewürz
- abgeriebene Schale
von 1 unbehandelten Zitrone
- ½ TL Pottasche
- ½ TL Hirschhornsalz
- 2 cl Kirschwasser
- 300 g Mehl
- 150 g gemahlene Mandeln
- 200 g Marzipan-Rohmasse

**Außerdem**
- Backpapier

**Guss**
- 400 g dunkle Kuvertüre
- evtl. Marzipan und ganze
Mandeln

# Lebkuchen mit Marzipan

**1** Den Honig, die Eier, den Zucker, den Zimt, das Leb-kuchengewürz und die abgeriebene Zitronenschale in einer großen Schüssel vermischen.

**2** Die Pottasche in einer kleinen Schüssel mit 1 Esslöf-fel auflösen. Das Hirschhornsalz ebenfalls in einer kleinen Schüssel in einem Esslöffel Wasser auflösen. Beide Sub-stanzen auf keinen Fall zusammen auflösen. Anschlie-ßend zusammen mit dem Kirschwasser unter die Honig-Eier-Mischung rühren.

**3** Das Mehl mit den Mandeln mischen, unter die Honig-Eier-Mischung heben und alles gut zu einem geschmeidi-gen Teig verkneten. Ein Backblech mit Backpapier aus-legen. Mit bemehlten Händen aus dem Teig kleine Kugeln von etwa 3 Zentimeter Durchmesser formen und diese mit ein wenig Abstand voneinander auf das Blech setzen.

**4** Den Backofen auf 160 °C (Gas Stufe 1, Umluft 140 °C) vorheizen. Aus der Marzipan-Rohmasse etwa fingerbreite Rollen formen und in jeweils ein Zentimeter lange Stücke schneiden. Die Lebkuchenkugeln leicht abflachen und jeweils eine Marzipanportion in die Mitte drücken.

**5** Im vorgeheizten Backofen 25 bis 30 Minuten backen. Auf einem Gitter auskühlen lassen. Die Kuvertüre über einem heißen Wasserbad schmelzen und die Lebkuchen rundherum damit überziehen. Nach Belieben mit einer Scheibe Marzipan und ganzen Mandeln verzieren. Auf einem Gitter trocknen lassen. Die Lebkuchen zwischen Pergamentpapierlagen in einer Blechdose aufbewahren.

**Zutaten für ca. 90 Stück**

**Teig**
- 125 g Orangeat
- 125 g Zitronat
- 9 Eier (M)
- 500 g Zucker
- 375 g Mehl
- 500 g gemahlene Haselnüsse
- 2 Päckchen Lebkuchengewürz
- 250 g Möhren
- ca. 90 Oblaten (7 cm Ø)

**Außerdem**
- Backpapier

**Dekoration**
- eventuell Möhrenraspel

# Möhren-Lebkuchen

**1** Das Orangeat und das Zitronat mit einem scharfen Messer oder in einer Küchenmaschine fein zerkleinern und beiseitestellen.

**2** Die Eier mit dem Zucker in einer Schüssel mit dem Handrührgerät auf höchster Stufe schaumig schlagen. In einer großen Schüssel das Mehl, die gemahlenen Haselnüsse und das Lebkuchengewürz mischen und unter die Eier-Zucker-Masse ziehen.

**3** Den Backofen auf 180 °C (Gas Stufe 2, Umluft 160 °C) vorheizen. Die Möhren waschen, putzen, mit einem Sparschäler schälen und auf einer Reibe fein raspeln. Dabei schnell arbeiten, sodass die Möhrenraspel nicht braun werden. Das Orangeat mit dem Zitronat und den frisch geraspelten Möhren unter die Eier-Nuss-Masse heben, verrühren und einen geschmeidigen Teig daraus kneten.

**4** Die Oblaten auf der Arbeitsfläche auslegen. Mit einem Esslöffel portionsweise Teig abstechen. Je einen Esslöffel davon auf eine Oblate setzen und die fertig belegten Oblaten auf ein mit Backpapier belegtes Backblech geben. Im vorgeheizten Ofen etwa 25 Minuten goldbraun backen. Nach Belieben noch heiß mit feinen Möhrenraspeln bestreuen und gut auf einem Kuchengitter abkühlen lassen. Zwischen Pergamentpapierlagen in einer Blechdose aufbewahren.

# Pfeffernüsse & Ausstecher

Ob dunkle würzige Pfefferkuchen, süße Aachener Printen, deftig gewürztes Magenbrot, schön geformter Baumschmuck, Spezialitäten wie Springerle oder bunte Engel – Pfeffernüsse und Lebkuchenfiguren können die unterschiedlichsten Formen annehmen und schmecken einfach himmlisch.

# Pfeffernüsse

**1** Die Eier in einer großen Schüssel aufschlagen und mit dem Handrührgerät auf höchster Stufe schaumig rühren. Dabei den Zucker langsam einrieseln lassen. Das Zitronat und das Orangeat mit einem scharfen Messer klein schneiden oder in der Küchenmaschine fein zerkleinern. Den Zitronenabrieb, das Salz, die Gewürze und das zerkleinerte Zitronat mit dem Orangeat nach und nach daruntermischen.

**2** Das Hirschhornsalz in einer kleinen Schüssel in dem Rum auflösen und zusammen mit dem Mehl dazugeben und mit den Knethaken des Rührgeräts zu einem geschmeidigen Teig verarbeiten. Den Teig abdecken und kühl stellen.

**3** Den Backofen auf 180 °C (Gas Stufe 2, Umluft 160 °C) vorheizen. Aus dem Teig mit bemehlten Händen kleine Kugeln mit etwa 2 Zentimeter Durchmesser formen. Wenn sie kleben, in etwas Mehl wälzen. Ein Backblech mit Backpapier auslegen. Die Pfeffernüsse daraufsetzen und auf der mittleren Schiene etwa 20 Minuten backen. Gut auf einem Kuchengitter auskühlen lassen.

**4** Den Puderzucker in ein Schälchen sieben und mit dem Wasser und dem Rumaroma glatt rühren. Nach Belieben mit ein paar Tropfen Lebensmittelfarbe färben. Die Glasur portionsweise in eine Spritztüte mit einer sehr feinen Lochtülle geben und in feinen Zickzacklinien auf die Pfeffernüsse spritzen. Anschließend mit den Zuckerperlchen bestreuen und trocknen lassen.

## Zutaten für ca. 80 Stück

### Teig
- 5 Eier (M)
- 500 g Zucker
- abgeriebene Schale von 1 unbehandelten Zitrone
- 1 Prise Salz
- ¼ TL gemahlener Zimt
- ¼ TL geriebene Muskatnuss
- ¼ TL gemahlener Ingwer
- ¼ TL gemahlener Piment
- ¼ TL gemahlener Kardamom
- ¼ TL Lebkuchengewürz
- ½ TL weißer gemahlener Pfeffer
- 60 g Zitronat
- 60 g Orangeat
- 3 g Hirschhornsalz
- 20 ml Rum
- 750 g Weizenmehl (Type 1050)

### Außerdem
- Backpapier

### Guss
- 250 g Puderzucker
- 2 EL Wasser
- etwas Rumaroma
- rote Zuckerperlchen
- nach Belieben Lebensmittelfarbe (z.B. rosa)

**Teig**
- 50 g Orangeat
- 250 g Honig
- 2 EL Zucker
- 250 g Weizenmehl (Type 1050)
- ¼ TL Salz
- ½ TL gemahlener Zimt
- ½ TL zerstoßener Anis
- ¼ TL gemahlener Piment
- ¼ TL gemahlene Muskatblüte (Macis)
- 1 TL Pottasche
- 50 g Krümelkandis

**Außerdem**
- Backpapier
- Mehl zum Bestäuben

**Guss**
- 200 g dunkle Kuvertüre
- eventuell Goldstaub (Künstlerbedarf)

# Aachener Printen

**1** Das Orangeat mit einem scharfen Messer fein hacken oder in der Küchenmaschine zerkleinern. Den Honig in einen kleinen Topf geben. Den Zucker hinzufügen und unter Rühren leicht erwärmen, bis sich der Zucker aufgelöst hat. Den Topf vom Herd ziehen.

**2** Das Mehl in eine große Schüssel geben und mit dem Salz, dem Zimt, dem Anis, Piment und frisch geriebenem Muskat würzen. Das Orangeat unter das Mehl mischen. Die Honig-Zucker-Mischung hinzufügen und die Masse zu einem geschmeidigen Teig kneten. Abdecken und mindestens zwei Tage bei Zimmertemperatur ruhen lassen.

**3** Die Pottasche in einer kleinen Schüssel mit einem Esslöffel kaltem Wasser verrühren. Den Backofen auf 200 °C (Gas Stufe 3, Umluft 180 °C) vorheizen. Die Pottasche so lange unter den Teig kneten, bis er weich und geschmeidig ist.

**4** Eine Arbeitsfläche mit Mehl bestreuen und den Teig darauf fingerdick ausrollen. Die Teigplatte mit Krümelkandis bestreuen und mit dem Nudelholz noch einmal leicht darüberrollen. Mit einem scharfen Messer Rechtecke von 3 mal 10 Zentimeter ausschneiden und die Printen auf ein mit Backpapier belegtes Backblech legen.

**5** Im Backofen auf der mittleren Schiene etwa 12 Minuten backen. Die Printen herausnehmen und auf einem Kuchengitter abkühlen lassen. Die Kuvertüre über dem heißen Wasserbad schmelzen und die Printen damit bestreichen. Trocknen lassen und zwei Wochen lagern.

**Teig**
- 500 g Weizenmehl (Type 1050)
- 1 EL Backpulver
- 2 EL ungesüßter Kakao
- ¼ TL Salz
- 1 TL gemahlener Zimt
- ½ TL gemahlene Gewürznelken
- ¼ TL geriebene Muskatnuss
- 450 g Zucker
- 150 ml Milch
- 150 ml Wasser
- 1 EL Kirschwasser

**Außerdem**
- Backpapier

**Guss**
- 300 g dunkle Schokolade
- 60 g Butter
- 20 ml Wasser
- 500 g Puderzucker
- 1 TL gemahlener Zimt
- ¼ TL gemahlene Gewürznelken
- ¼ TL geriebene Muskatnuss

# Magenbrot

**1** Den Backofen auf 180 °C (Gas Stufe 2, Umluft 160 °C) vorheizen. Ein tiefes Backblech oder eine Fettpfanne mit Backpapier auslegen.

**2** Das Mehl, das Backpulver, den Kakao, das Salz, die Gewürze und den Zucker in einer großen Schüssel mischen. Die Milch, das Wasser und das Kirschwasser dazugießen. Mit dem Handrührgerät auf höchster Stufe und danach mit den Händen in einigen Minuten zu einem geschmeidigen Teig kneten.

**3** Den Teig auf das Blech geben und mit einem breiten Messer oder einer Palette glatt streichen. Im Backofen auf der zweiten Schiene von unten etwa 20 Minuten backen. Herausnehmen und abkühlen lassen.

**4** Die Teigplatte mit einem scharfen Messer in etwa 2 mal 4 Zentimeter große Stücke schneiden. Die Schokolade mit der Butter und dem Wasser in einem kleinen Topf bei geringer Hitze schmelzen. Den Puderzucker darübersieben, die Gewürze dazugeben und die Masse mit einem Schneebesen glatt rühren.

**5** Das Magenbrot in die Glasur tauchen und auf einem Kuchengitter trocknen lassen. Vor dem Verzehr zwischen Pergamentpapierlagen mindestens eine Woche in einer Blechdose ruhen lassen.

**Tely**
- 400 g Honig
- 100 ml Wasser
- 100 g brauner Zucker
- 60 g Kokosfett
- 6 g Hirschhornsalz
- 300 g Weizenmehl (Type 1050)
- 300 g Roggenmehl (Type 1150)
- 1 Päckchen Lebkuchengewürz

**Außerdem**
- Backpapier
- Ausstechformen
- Stricknadel
- Spritzbeutel

**Glasur**
- 400 g Puderzucker
- 2 Eiweiß
- 3–4 Lebensmittelfarben

# Baumschmuck

**1** Den Honig, das Wasser und den braunen Zucker in einem kleinen Topf erhitzen und verrühren, bis sich der Zucker aufgelöst hat. Das Kokosfett dazugeben und schmelzen lassen. Den Topf vom Herd ziehen. Das Hirschhornsalz in einer kleinen Schüssel mit etwas Wasser verrühren. Das Weizenmehl, das Roggenmehl, das Hirschhornsalz und das Lebkuchengewürz in eine große Schüssel geben. Die abgekühlte Honigmasse hinzufügen und alles mit den Knethaken des Handrührgerätes auf höchster Stufe mehrere Minuten zu einem glatten Teig kneten. Den Teig abdecken und über Nacht kühl stellen.

**2** Am nächsten Tag eine Arbeitsfläche mit Mehl bestreuen. Den Teig portionsweise mit einem Nudelholz dünn darauf ausrollen. Den Backofen auf 180 °C (Gas Stufe 2, Umluft 160 °C) vorheizen. Ein tiefes Backblech oder eine Fettpfanne mit Backpapier auslegen.

**3** Die Figuren in beliebigen Formen ausstechen und auf das Backblech legen. Im Backofen etwa 15 Minuten backen. Danach sofort mit einer dicken Stricknadel die Löcher zum Aufhängen der Figuren stechen. Anschließend die Figuren auf einem Kuchengitter gut auskühlen lassen.

**4** Für den Guss die Eiweiße in einer Schüssel sehr steif schlagen und dabei den Puderzucker einrieseln lassen. Die Masse in vier Portionen teilen und drei davon mit unterschiedlichen Lebensmittelfarben färben. Die Figuren damit nach Belieben glasieren und trocknen lassen. Den weißen Guss in einen Spritzbeutel mit feiner Lochtülle geben und den Baumschmuck damit verzieren.

# Pflastersteine

## Zutaten für ca. 20 Stück

### Teig
- 25 g Butterschmalz
- 50 g Zucker
- 125 g Honig
- 200 g Weizenmehl (Type 1050)
- 50 g gemahlene Mandeln
- ½ TL gemahlener Zimt
- ½ TL gemahlener Kardamom
- ¼ TL geriebene Muskatnuss
- ¼ TL Salz
- 1 TL abgeriebene Schale von 1 unbehandelten Zitrone
- 1 EL Rum
- ½ TL Hirschhornsalz

### Außerdem
- Backpapier

### Glasur
- 175 g Zucker
- 6 EL Wasser

**1** Das Butterschmalz in einem kleinen Topf erwärmen und schmelzen. Den Zucker darunterrühren, bis er sich aufgelöst hat, und den Honig untermischen. Den Topf vom Herd ziehen und die Masse abkühlen lassen.

**2** Das Mehl in eine große Schüssel geben und mit den Mandeln mischen. Den Zimt, den Kardamom und den Muskat, das Salz und den Zitronenabrieb hinzufügen. Den Rum und die Honigmischung unter das Mehl mischen und alles zu einem geschmeidigen Teig kneten. Sollte der Teig zu klebrig sein, eventuell noch etwas Mehl zufügen. Den Teig zu einer Kugel formen, mit Klarsichtfolie abdecken und zwei Tage bei Zimmertemperatur ruhen lassen.

**3** Den Backofen auf 175° C (Gas Stufe 2, Umluft 155 °C) vorheizen. Ein Backblech mit Backpapier auslegen. Das Hirschhornsalz in einer kleinen Schüssel in einem Esslöffel Wasser auflösen und zum Teig geben. Den Teig noch einmal mit den Händen so lange kneten, bis die Flüssigkeit vollkommen aufgesogen ist. Nun eine Rolle von 3 Zentimeter Durchmesser formen. Mit einem scharfen Messer in etwa 1 Zentimeter dicke Scheiben schneiden und mit etwas Abstand auf das Backblech setzen, da sie beim Backen noch auseinandergehen. Auf der mittleren Schiene im Backofen in ca. 15 Minuten hellbraun backen.

**4** Den Zucker in einem kleinen Topf mit dem Wasser verrühren und so lange kochen, bis die Zuckerlösung ganz klar ist. Die Pflastersteine herausnehmen, auf ein Gitter legen und noch heiß mit der Glasur einpinseln. Gut trocknen lassen und eine Woche lagern.

**Teig**
- 2 Eier (M)
- 250 g Zucker
- 2 Päckchen Vanillezucker
- 1 Prise Salz
- 250 g Weizenmehl (Type 405)
- ¼ TL Hirschhornsalz

**Außerdem**
- Mehl zum Bestäuben
- 4 EL Anissamen
- Modeln (Haushaltsgeschäft)
- Backpapier

# Springerle

**1** Die Eier in einer Schüssel mit dem Handrührgerät auf höchster Stufe schaumig schlagen. Den Zucker und den Vanillezucker einrieseln lassen und unterrühren.

**2** Das Hirschhornsalz mit etwas Wasser in einer Schüssel auflösen und mit dem Mehl in eine große Schüssel geben. Die Zucker-Eier-Masse darunterrühren und mit den Knethaken alles zu einem festen Teig kneten. Die Schüssel abdecken und den Teig eine Stunde lang kühl stellen.

**3** Eine Arbeitsfläche mit Mehl bestreuen und den Teig mit einem Nudelholz etwa 5 Millimeter dick darauf ausrollen. Die Model mit Mehl bestäuben und auf den Teig legen. Kurz aber fest andrücken. Vor jedem Ausstechen die Model neu mit Mehl bestäuben.

**4** Zwei Backbleche mit Mehl und anschließend mit Anissamen bestreuen. Die Springerle mit einem scharfen Messer entlang des Modelrandes ausschneiden und je 20 Stück auf ein mit Backpapier belegtes Backblech setzen. Über Nacht trocknen lassen.

**5** Bei 150 °C (Gas Stufe 1, Umluft 130 °C) 35 Minuten backen. Vor dem Verzehr eine Woche lang mit Apfelschnitzen in eine gut schließende Dose schichten. Falls Sie die Springerle als Baumschmuck verwenden möchten, sofort nach dem Backen mit einer dicken Stricknadel ein Loch für die Aufhängung stechen und auf einem Kuchengitter auskühlen lassen.

# Hirtenstäbchen

- 2 Eier (M)
- 2 EL Vanillezucker
- 100 g brauner Zucker
- 75 g Honig
- 2 TL gemahlener Zimt
- 250 g Weizenmehl (Type 405)
- 50 g Rosinen
- 100 g gehackte Mandeln
- 100 g Schokoraspel

**Außerdem**
- Backpapier

**Guss**
- 100 g Kokosraspel
- 75 g gehackte Pistazien
- 150 g dunkle Kuvertüre

**1** Die Eier und ein Esslöffel warmes Wasser mit dem Handrührgerät in einer Schüssel auf höchster Stufe schaumig rühren. Den Vanillezucker und den Zucker einrieseln lassen und unterrühren. Den Honig ebenfalls gründlich darunterrühren.

**2** Den Zimt und das Mehl vorsichtig unterheben. Anschließend weiterrühren, bis die Masse cremig ist.

**3** Den Backofen auf 175° C (Gas Stufe 2, Umluft 155° C) vorheizen. Die Rosinen mit einem scharfen Messer klein hacken oder in einer Küchenmaschine zerkleinern und unter den Teig heben. Die gehackten Mandeln nach und nach einstreuen, dabei immer weiterrühren und zum Schluss die Schokoraspeln zufügen. Alles zu einem geschmeidigen Teig verrühren.

**4** Ein Backblech mit Backpapier auslegen und den Teig mit einem breiten Messer oder einer Palette gleichmäßig dick darauf verstreichen. Im Backofen auf mittlerer Schiene in etwa 15 Minuten goldbraun backen. Herausnehmen und noch heiß mit einem scharfen Messer in etwa 5 Zentimeter lange und 1 Zentimeter breite Streifen schneiden. Die Stäbchen auf einem Kuchengitter auskühlen lassen.

**5** Die Kokosraspel und die Pistazien jeweils auf einen tiefen Teller streuen. Die Kuvertüre über einem heißen Wasserbad schmelzen und die Hirtenstäbchen jeweils zur Hälfte darin eintauchen. Dann mit dem Schokoladenende in die Kokosraspel oder in die Pistazien tauchen. Auf einem Kuchengitter trocknen lassen.

## Teig

- 1000 g Honig
- 150 g Butterschmalz
- 375 ml Wasser
- 1 TL gemahlener Zimt
- 2 Päckchen Lebkuchengewürz
- 3 EL Rosenwasser
- 2 Päckchen Backpulver
- 300 g Roggenmehl (Type 1150)
- 1 kg Weizenmehl (Type 1050)

## Außerdem

- etwas Mehl
- Backpapier
- Ausstechformen
- Spritzbeutel

## Verzierung

- 2 Eiweiß
- 400 g Puderzucker
- 4 Lebensmittelfarben
- 50 g dunkle Kuvertüre
- Liebesperlen oder Zuckerkugeln
- geschälte, halbierte Mandeln
- halbierte Pistazien
- kandierte Kirschen
- Marzipanverzierung

# Adventsplätzchen

**1** Den Honig mit dem Schmalz in einem kleinen Topf erhitzen und unter Rühren das Wasser hinzufügen. Den Zimt, das Lebkuchengewürz und das Rosenwasser sorgfältig untermischen. Die Honigmischung in eine große Schüssel geben.

**2** Das Backpulver und das Roggenmehl über die Honigmischung sieben. Das Weizenmehl dazusieben und alles mit dem Knethaken des Handrührgerätes zu einem glatten Teig verarbeiten. Den Teig zudecken und zwei Stunden ruhen lassen.

**3** Den Backofen auf 170° C (Gas Stufe 2, Umluft 150° C) vorheizen. Zwei Backbleche mit Backpapier auslegen. Den Teig auf einer bemehlten Arbeitsfläche 5 Millimeter dick ausrollen. Formen und Figuren ausstechen und auf die Bleche legen. In etwa 20 Minuten goldbraun backen.

**4** Die Eiweiße in einer Schüssel mit dem Handrührgerät steif schlagen. Den Puderzucker dazu sieben und unterrühren. In vier Portionen teilen und mit je einer Lebensmittelfarbe mischen. Die Kuvertüre über einem heißen Wasserbad schmelzen.

**5** Die abgekühlten Figuren großflächig mit einer der Glasuren oder der Kuvertüre ausmalen. Auf die feuchten Flächen Liebesperlen, Zuckerkugeln, Mandelhälften, kandierte Früchte oder Marzipanverzierungen kleben. Die Figuren auf einem Gitter trocknen lassen. Mit etwas Glasur im Spritzbeutel und einer sehr feinen Lochtülle lassen sich jetzt noch zusätzliche Verzierungen auftragen.

## Teig

- 1000 g Honig
- 375 ml Wasser
- 150 g Schweineschmalz
- 1 TL gemahlener Zimt
- 2 Päckchen Lebkuchengewürz
- 3 EL Rosenwasser
- 8 g Hirschhornsalz
- 15 g Pottasche
- 300 g Roggenmehl (Type 1150)
- 1000 g Weizenmehl
(Type 1050)

## Außerdem

- etwas Mehl
- Klarsichtfolie
- Backpapier

## Glasur

- 2 Eiweiß
- 400 g Puderzucker
- 2 Lebensmittelfarben
(rot, hellbraun)
- 50 g dunkle Kuvertüre

# Weihnachts- männer

**1** Vergrößern Sie die Schablone beim Kopieren im Copyshop auf die gewünschte Größe und übertragen Sie diese auf festes Papier.

**2** Den Honig und das Schmalz in einem Topf erhitzen und das Wasser hinzufügen. Die Gewürze und das Rosenwasser untermischen und alles in eine große Schüssel geben. Die Pottasche und das Hirschhornsalz in jeweils einer kleinen Schüssel in etwas Wasser auflösen und zur Honigmischung geben. Das Backpulver, das Roggenmehl und das Weizenmehl nacheinander über die Honigmischung sieben und zu einem glatten Teig verkneten. Den Teig abgedeckt über Nacht ruhen lassen.

**3** Den Teig mit den Händen durchkneten und zu einer Kugel formen. In Klarsichtfolie gewickelt über Nacht in den Kühlschrank stellen.

**4** Den Backofen auf 170° C (Gas Stufe 2, Umluft 150° C) vorheizen. Den Teig auf einer bemehlten Arbeitsfläche 5 Millimeter dick ausrollen. Die Weihnachtsmannfigur auf den Teig legen und das Motiv aus dem Teig schneiden. Alle Figuren auf mit Backpapier belegte Bleche legen und in etwa 20 Minuten goldbraun backen.

**5** Die Eiweiße in einer Schüssel steif schlagen. Den Puderzucker dazusieben und unterrühren. In drei Portionen teilen und zwei davon mit je einer Lebensmittelfarbe mischen. Die Kuvertüre über einem heißen Wasserbad schmelzen. Die abgekühlten Figuren wie auf dem Bild (Seite 65) bemalen und verzieren.

# Lebkuchentiere

**Teig**
- 1000 g Honig
- 150 g Butterschmalz
- 375 ml Wasser
- 1 Päckchen Lebkuchengewürz
- 1 Päckchen Vanillezucker
- 50 g ungesüßter Kakao
- 15 g Pottasche
- 5 g Hirschhornsalz
- 3 EL Rosenwasser
- 300 g Roggenmehl (Type 1150)
- 1000 g Weizenmehl (Type 1050)

**Außerdem**
- etwas Mehl
- Backpapier
- Ausstechformen (Tiere)

**Glasur**
- 2 Eiweiß
- 400 g Puderzucker
- 4 Lebensmittelfarben (rot, gelb, blau, grün)

**1** Den Honig mit dem Schmalz in einem kleinen Topf erhitzen und unter Rühren das Wasser hinzufügen. Das Lebkuchengewürz und den Vanillezucker untermischen. Den Kakao hinzufügen. Die Pottasche und das Hirschhornsalz in jeweils einer kleinen Schüssel in 1 ½ Esslöffel Rosenwasser auflösen und zur Honigmischung geben. Die Honigmischung in eine große Schüssel geben.

**2** Das Roggenmehl und das Weizenmehl darübersieben und alles mit dem Knethaken des Handrührgerätes zu einem glatten Teig verarbeiten. Den Teig zudecken und zwei Stunden ruhen lassen.

**3** Den Backofen auf 170° C (Gas Stufe 2, Umluft 150° C) vorheizen. Eine Arbeitsfläche mit Mehl bestreuen und den Teig darauf 5 Millimeter dick ausrollen. Die Tiermotive ausstechen und auf mit Backpapier belegte Bleche setzen. In etwa 20 Minuten goldbraun backen.

**4** Die Eiweiße in einer Schüssel mit dem Handrührgerät steif schlagen. Den Puderzucker dazusieben und unterrühren. In fünf Portionen teilen und vier davon mit je einer Lebensmittelfarbe mischen. Die abgekühlten Figuren großflächig mit einer der Farbglasuren bepinseln und trocknen lassen. Mit etwas weißer Glasur im Spritzbeutel und einer sehr feinen Lochtülle lassen sich jetzt noch zusätzliche Konturen auftragen.

# Eisenbahn

### Teig
- 1000 g Honig
- 150 g Butterschmalz
- 375 ml Wasser
- 1 Päckchen Lebkuchengewürz
- 1 Päckchen Vanillezucker
- 100 g gemahlene Haselnüsse
- 100 g gemahlene Mandeln
- 50 g ungesüßter Kakao
- 15 g Pottasche
- 5 g Hirschhornsalz
- 3 EL Rosenwasser
- 300 g Roggenmehl (Type 1150)
- 1000 g Weizenmehl
(Type 1050)

### Außerdem
- etwas Mehl
- Backpapier
- Tierausstechformen

### Glasur
- 2 Eiweiß
- 400 g Puderzucker
- 4 Lebensmittelfarben (rot, gelb, blau, grün)

**1** Vergrößern Sie die Schablone beim Kopieren im Copyshop und übertragen Sie diese auf festes Papier.

**2** Den Honig und das Schmalz erhitzen und das Wasser darunterrühren. Das Lebkuchengewürz, den Vanillezucker und die Nüsse untermischen. Den Kakao hinzufügen. Die Pottasche und das Hirschhornsalz in jeweils einer kleinen Schüssel in 1 ½ Esslöffel Rosenwasser auflösen und zur Honigmischung geben. Die Honigmischung in eine große Schüssel geben. Die Mehlsorten mischen und unter den Teig kneten. Den Teig zwei Stunden ruhen lassen.

**3** Den Backofen auf 170° C (Gas Stufe 2, Umluft 150° C) vorheizen. Den Teig auf einer bemehlten Arbeitsfläche 5 Millimeter dick ausrollen. Die Schablone auflegen und das Motiv aus dem Teig schneiden. Alle Figuren auf mit Backpapier belegte Bleche legen und in etwa 20 Minuten goldbraun backen.

**4** Die Eiweiße in einer Schüssel mit dem Handrührgerät steif schlagen. Den Puderzucker unterrühren. Die Masse in fünf Portionen teilen und vier davon mit je einer Lebensmittelfarbe mischen. Die abgekühlten Figuren großflächig mit einer der Farbglasuren bepinseln und trocknen lassen. Mit etwas weißer Glasur im Spritzbeutel und einer sehr feinen Lochtülle noch zusätzliche Konturen auftragen.

# Bunte Lebkuchenbären

**Zutaten für 30 bis 60 Motive, je nach Größe**

**Teig**
- 1000 g Honig
- 150 g Butterschmalz
- 375 ml Wasser
- 3 EL gemahlener Zimt
- 1 EL gemahlene Gewürznelken
- ¼ TL gemahlener Piment
- 1 Prise geriebene Muskatnuss
- ¼ TL gemahlener Koriander
- ¼ TL Kardamom
- ¼ TL geriebener Ingwer
- ¼ TL gemahlener Fenchel
- ¼ TL gemahlene Anissamen
- 3 EL Rosenwasser
- 2 Päckchen Backpulver
- 300 g Roggenmehl (Type 1150)
- 1000 g Weizenmehl
(Type 1050)

**Außerdem**
- etwas Mehl
- Backpapier

**Glasur**
- 2 Eiweiß
- 400 g Puderzucker
- 4 Lebensmittelfarben
(rot, gelb, blau, grün)

**1** Vergrößern Sie die Schablone beim Kopieren im Copyshop und übertragen Sie diese auf festes Papier.

**2** Den Honig mit dem Schmalz in einem kleinen Topf erhitzen und unter Rühren das Wasser hinzufügen. Alle Gewürze und das Rosenwasser mit dem Schneebesen verrühren. Die Honig-Gewürzmischung in eine große Schüssel geben und etwas abkühlen lassen.

**3** Das Backpulver und das Roggenmehl über die Honigmischung sieben. Das Weizenmehl dazusieben und alles mit dem Knethaken des Handrührgerätes zu einem glatten Teig verarbeiten. Den Teig zudecken und über Nacht ruhen lassen.

**4** Den Backofen auf 170° C (Gas Stufe 2, Umluft 150° C) vorheizen. Zwei Backbleche mit Backpapier auslegen. Den Teig auf einer bemehlten Arbeitsfläche 5 Millimeter dick ausrollen. Die Schablone auflegen und das Motiv aus dem Teig schneiden. Alle Figuren auf mit Backpapier belegte Bleche legen und in etwa 20 Minuten backen.

**5** Die Eiweiße in einer Schüssel mit dem Handrührgerät steif schlagen. Den Puderzucker dazusieben und unterrühren. In drei Portionen teilen und mit je einer Lebensmittelfarbe mischen. Die abgekühlten Figuren mit den Glasuren bemalen. Die Figuren auf einem Kuchengitter trocknen lassen. Mit etwas Glasur im Spritzbeutel und einer sehr feinen Lochtülle können Sie die Konturen nachziehen.

## Zutaten für 1 Baum

**Teig**
- eine Portion dunkler Lebkuchenteig (Rezept siehe Seite 66)

**Außerdem**
- 2 Holzleisten (4 mm dick, 30 cm lang)
- etwas Mehl
- 1 Lineal (30 cm)
- Backpapier
- 1 Metallring (6 cm Durchmesser)
- 1 Spritzbeutel mit Lochtülle
- Goldpapier
- 1 kreisrundes Stück Styropor (40 cm Durchmesser)
- Spritzbeutel

**Dekoration**
- 500 g Puderzucker
- 3 Eiweiße
- Zuckerkugeln
- Lebkuchenfiguren nach Belieben (Rezepte auf Seite 62 und 66)

# Weihnachtsbaum

**1** Den Backofen auf 170° C (Gas Stufe 2, Umluft 150° C) vorheizen. Zwei Backbleche mit Backpapier auslegen. Den Teig in zwei gleich große Portionen teilen. Legen Sie auf einer bemehlten Arbeitsfläche aus den Holzleisten ein Rechteck (15 cm x 30 cm). Geben Sie eine Teighälfte in den Rahmen und rollen Sie den Teig gleichmäßig aus. Legen Sie das Lineal diagonal über den Rahmen und schneiden Sie den Teig in zwei gleich große Dreiecke. Mit der zweiten Teighälfte verfahren Sie ebenso. Legen Sie je zwei Lebkuchendreiecke auf die Backbleche und backen Sie sie auf der mittleren Schiene etwa 25 Minuten. Die Lebkuchendreiecke auf einem Gitter auskühlen lassen.

**2** Die Eiweiße mit dem Puderzucker zu einer klebrigen Masse verrühren. Etwas Zuckermasse auf die langen Seiten von zwei Dreiecken streichen und so aneinander stellen, dass sie einen rechten Winkel bilden. Der Metallring über den Spitzen hält die Teile in Position, bis der Zucker getrocknet ist.

**3** Füllen Sie die restliche Zuckermasse in einen Spritzbeutel mit kleiner Lochtülle. Fahren Sie damit jeweils von der Spitze bis nach unten und verkleben Sie so die beiden Dreiecke zusätzlich. Die beiden anderen Dreiecke anfügen und ebenso befestigen.

**4** Kleben Sie jetzt die Zuckerkugeln und Lebkuchenfiguren mit etwas Zuckermasse an den Baum. Zum Schluss befestigen Sie mit der restlichen Zuckermasse die unteren Kanten des Weihnachtsbaums auf der mit Goldpapier verkleideten Styroporplatte.

**Teig**
- Eine Portion heller Lebkuchen-teig (Rezept siehe Seite 62)

**Dekoration**
- 250 g Puderzucker
- 1 Eiweiß
- Smarties
- Zuckerkugeln
- Lebkuchenfiguren (Rezept siehe Seite 62)

# Hexenhäuschen

**1** Lassen Sie die Schablonen so vergrößern, dass die Vierecke (Hauswände) folgende Maße aufweisen: 25 x 30 Zentimeter. Die übrigen Bauteile an diese Größe anpassen. Übertragen Sie die Bauteile dann auf dünne Pappe und schneiden Sie sie genau aus.

**2** Den Backofen auf 170° C (Gas Stufe 3, Umluft 150° C) vorheizen. Zwei Backbleche mit Backpapier auslegen. Den Teig auf einer bemehlten Arbeitsfläche gleichmäßig ausrollen. Legen Sie die Schablonen darauf und schnei-den Sie die Bauteile aus. Die Fenster- und Türöffnungen werden erst nach dem Backen ausgeschnitten. Sie dienen später als Fensterläden und als Tür. Den übrigen Teig rollen Sie für die Bodenplatte rund aus. Legen Sie alle Bauteile auf die Backbleche und backen Sie sie in etwa 20 Minuten goldbraun.

**3** Das Eiweiß mit dem Puderzucker zu einer klebri-gen Masse verrühren. Verkleben Sie zuerst je ein Giebelteil mit einer Hauswand, dann set-zen Sie beide Hausteile zusammen. Ver-kleben Sie die Kanten und befestigen Sie den Unterbau auf der Bodenplatte. Danach setzen Sie beide Dachteile auf und ver-kleben sie. Anschließend setzen Sie den Schornstein zusammen und befestigen ihn auf dem Dach. Zum Schluss bringen Sie die Fensterläden und die Tür an. Deko-rieren Sie das Häuschen nach Belieben mit Smarties, Lebkuchenfiguren und einer großen Portion Zuckerguss.

# Lebkuchen aus aller Welt

Lebkuchen sind nicht nur eine deutsche Spezialität – das zeigen wir Ihnen mit unseren Rezepten aus der Schweiz, Österreich, Dänemark und anderen europäischen Ländern. Mit den Lebkuchen-Cookies aus den USA gewinnen Sie garantiert auch die Herzen verwöhnter Lebkuchenliebhaber.

# Baseler Leckerli

**Zutaten für ca. 75 Stück**

**Teig**
- 625 g Honig
- 425 g Zucker
- 85 g Orangeat
- 85 g Zitronat
- 2 EL Pottasche
- 20 g Hirschhornsalz
- 800 g Weizenmehl (Type 1050)
- 750 g gehackte Mandeln
- 2 EL gemahlener Zimt
- ¼ TL gemahlene Gewürznelken
- ½ TL geriebene Muskatnuss
- abgeriebene Schale und Saft von 1 unbehandelten Zitrone
- 20 ml Kirschwasser

**Außerdem**
- etwas Mehl
- Backpapier
- eventuell Ausstecher (Kreise, Herzen)

**Guss**
- 400 g Puderzucker
- 3–4 EL Wasser

**1** Den Honig und den Zucker in einen kleinen Topf geben und bei geringer Temperatur unter Rühren schmelzen lassen. Das Orangeat und das Zitronat mit einem scharfen Messer fein hacken oder mit einer Küchenmaschine zerkleinern. Den Backofen auf 200 °C (Gas Stufe 3, Umluft 180 °C) vorheizen.

**2** Die Pottasche und das Hirschhornsalz jeweils in 2 Esslöffeln Wasser auflösen. Das Mehl mit der Hälfte der Mandeln und der aufgelösten Pottasche und dem Hirschhornsalz mischen. Die Mischung auf eine Arbeitsplatte häufen und in die Mitte eine Mulde drücken. Die Gewürze, das Orangeat, das Zitronat, den Zitronenabrieb und den -saft sowie das Kirschwasser hineingeben.

**3** Die andere Hälfte der Mandeln unter die Honig-Zuckermasse rühren. Diese Masse nun nach und nach mithilfe eines Teigschabers unter das Mehlgemisch arbeiten und alles zu einem festen Teig kneten.

**4** Die Arbeitsfläche mit Mehl ausstreuen. Den Teig darauf etwa 2 Zentimeter dick ausrollen und entweder in Streifen (2 x 4 cm) schneiden oder mit Formen ausstechen.

**5** Die Plätzchen auf ein mit Backpapier belegtes Backblech legen und etwa 15 Minuten backen. Für die Glasur den Puderzucker mit 3 bis 4 Esslöffel Wasser glatt rühren und auf die noch warmen Leckerli streichen. Gut auf einem Kuchengitter auskühlen lassen und vor dem Verzehr zwischen Pergamentpapierlagen in einer Blechdose etwa zwei Wochen lagern.

**Teig**
- 2 EL Butter
- 4 EL Milch
- 125 g Honig
- 75 g brauner Zucker
- 250 g Weizenmehl (Type 1050)
- 1 TL Backpulver
- 1/2 Päckchen Lebkuchen-
gewürz
- 200 g Marzipan-Rohmasse

**Außerdem**
- Butter zum Fetten
- oder Backpapier

**Guss**
- 50 g Puderzucker
- 1 EL Kirschwasser

# Schweizer Biberle

**1** Den Backofen auf 175 °C (Gas Stufe 2, 155 °C Umluft) vorheizen. Die Butter und die Milch in einen kleinen Topf geben und unter Rühren erhitzen. Den Honig und den Zucker unter Rühren darin auflösen. Die Masse beiseitestellen und abkühlen lassen.

**2** Das Mehl, das Backpulver und das Lebkuchengewürz mischen und nach und nach mit der Honigmasse in einer großen Schüssel zu einem festen Teig verkneten. Den Teig abdecken und 2 Stunden kühl stellen.

**3** Die Marzipan-Rohmasse mit einem Messer in kleine Würfel schneiden, in eine Schüssel geben und mit dem Puderzucker verkneten. Die Masse in fingerdicke Rollen formen. Eine Arbeitsfläche mit Mehl bestreuen und den Teig darauf 1 Zentimeter dick ausrollen. Die Marzipanrollen nacheinander darauflegen und jeweils rundum mit Teig umwickeln. Die Rollen mit beiden Längsseiten so auf die Arbeitsfläche drücken, dass sie eine dreieckige Form annehmen. Aus den Rollen etwa 1 Zentimeter dicke stumpfe Dreiecke schneiden.

**4** Ein Backblech einfetten oder mit Backpapier belegen und die Dreiecke darauflegen. Im Backofen 15 bis 20 Minuten backen. Herausnehmen und auf einem Kuchengitter auskühlen lassen.

**5** Das Puderzucker mit Kirschwasser glatt rühren und die Biberle damit bestreichen. Vor dem Verzehr zwischen Pergamentpapierlagen in einer Blechdose etwa zwei Wochen lagern.

**Tely**
Für eine Auflaufform
(40 x 30 cm)

**Teig**
• 500 g Weizenmehl (Type 1050)
• ½ TL Anissamen
• 50 g Crème fraîche oder
Schlagsahne
• 200 ml Birnendicksaft
• 2½ EL Kirschwasser
(nach Belieben)
• 100 g Zucker
• 3 TL Lebkuchengewürz
• 1 Prise Salz
• 1 TL Natron oder Backpulver
• ca. 1–3 EL Milch

**Außerdem**
• Mörser
• Butter für die Form
• Birnensaft oder Birnendicksaft

# Luzerner Lebkuchen

**1** Die Auflaufform mit Butter einfetten und mit Mehl ausstreuen. Bis zur Verwendung in den Kühlschrank stellen. Den Backofen auf 180 °C (Gas Stufe 2, Umluft 160 °C) vorheizen.

**2** Die Anissamen in einer beschichteten Pfanne ohne Fett leicht rösten, bis sie aromatisch duften. In einem Mörser grob zerstoßen oder in einen Gefrierbeutel geben und mit dem Nudelholz zerkleinern.

**3** Die Crème fraîche mit dem Birnendicksaft, dem Kirschwasser, dem Zucker, dem Lebkuchengewürz, dem Salz und der Milch in eine große Schüssel geben und mit den Quirlen des Handrührgeräts verrühren. Das Mehl mit dem Natron mischen und nach und nach unter die Sahnemischung rühren, sodass ein weicher Teig entsteht, der reißend von einer Suppenkelle fällt. Falls er zu fest ist, noch esslöffelweise etwas Milch dazugeben.

**4** Den Teig in die gekühlte Form geben und mit einem breiten Messer oder einer Palette glatt streichen. Auf der unteren Schiene im Backofen 40 bis 50 Minuten goldbraun backen. Herausnehmen und noch heiß mit etwas Birnendicksaft bestreichen.

**5** Sobald der Lebkuchen ausgekühlt ist, mit einem scharfen Messer aus der Form lösen und in quadratische Stücke von 5 x 5 Zentimeter schneiden. Nach Belieben verzieren. Vor dem Verzehr zwischen Pergamentpapierlagen in einer Blechdose etwa zwei Wochen lagern.

**Teig**
- 3 Eier (M)
- 3 EL Honig
- 100 g Schweineschmalz
- 550 g Roggenmehl (Type 1150)
- 1 EL Lebkuchengewürz
- 250 g Zucker
- ½ TL Natron oder Backpulver
- 250 g getrocknete Pflaumen
- 250 g getrocknete Aprikosen
- 250 g Rosinen
- 125 ml Rum
- 250 g Aprikosenkonfitüre
- 150 g gehackte Walnüsse

**Außerdem**
- etwas Mehl
- Butter zum Fetten
- oder Backpapier
- Puderzucker

# Wachauer Lebkuchenrolle

**1** Die Eier mit den Quirlen des Handrührgeräts schaumig rühren. Den Honig und das Schmalz darunterrühren. Das Mehl mit dem Lebkuchengewürz, dem Zucker und dem Natron mischen und nach und nach unterrühren. Mit den Knethaken des Handrührgeräts auf höchster Stufe zu einem geschmeidigen Teig verarbeiten. Abdecken und 24 Stunden ruhen lassen.

**2** Die getrockneten Pflaumen und Aprikosen mit einem scharfen Messer fein hacken. Mit den Rosinen in eine Schüssel geben und den Rum darüberträufeln. Die Früchte abdecken und 24 Stunden ziehen lassen.

**3** Den Backofen auf 200 °C (Gas Stufe 2, Umluft 180 °C) vorheizen. Eine Arbeitsfläche mit Mehl bestäuben. Den Teig halbieren und zu schmalen Rechtecken (ca. 15 x 35 Zentimeter) ausrollen. Jedes Rechteck mit Aprikosenkonfitüre bestreichen und die marinierten Früchte darauf verteilen. Mit den Walnüssen bestreuen und von der Seite her fest einrollen.

**4** Ein Backblech fetten oder mit Backpapier belegen. Die Lebkuchenrollen daraufsetzen und im vorgeheizten Backofen auf der mittleren Schiene etwa 30 Minuten backen. Noch warm mit Puderzucker bestäuben. Zum Auskühlen auf ein Kuchengitter legen und in 1 Zentimeter dicke Scheiben schneiden. Vor dem Verzehr zwischen Pergamentpapierlagen in einer Blechdose etwa zwei Wochen lagern.

**Teig**

- 125 g Zitronat
- 125 g Orangeat
- 7 Eiweiße (M)
- 500 g brauner Rohrzucker
- 600 g gemahlene Mandeln
- abgeriebene Schale
von 1 unbehandelten Zitrone
- 1 EL Rum
- ¼ TL gemahlene Gewürznelken
- 1 TL gemahlener Zimt
- 70 Oblaten (5 cm Durchmesser)

**Außerdem**

- Backpapier

**Glasur**

- 350 g dunkle Kuvertüre
- eventuell gehackte Mandeln

# Dänische Lebkuchen

**1** Das Zitronat und das Orangeat mit einem scharfen Messer fein hacken oder in der Küchenmaschine zerkleinern und beiseitestellen. Die Eiweiße und den Rohrzucker in einer Schüssel mit den Quirlen des Handrührgeräts auf höchster Stufe schaumig rühren. Die gemahlenen Mandeln sorgfältig unterrühren.

**2** Den Zitronenabrieb, das gehackte Orangeat und das Zitronat, den Rum und die Gewürze hinzufügen und alles mit dem Handrührgerät zu einer geschmeidigen Masse verrühren. Den Teig abdecken und für 24 Stunden an einem kühlen Ort ruhen lassen.

**3** Den Backofen auf 140 °C (Gas Stufe 1, Umluft 120 °C) vorheizen. Den Teig mithilfe eines Esslöffels auf die Oblaten verteilen. Dabei einen kleinen Rand lassen, da der Teig beim Backen etwas zerläuft. Ein Backblech mit Backpapier auslegen und die Lebkuchen daraufsetzen. Im Ofen auf der mittleren Schiene in 15 bis 20 Minuten backen und darauf achten, dass sie auf keinen Fall braun werden. Herausnehmen und auf einem Kuchengitter abkühlen lassen.

**4** Die Kuvertüre über dem heißen Wasserbad schmelzen und die Lebkuchen mit der flüssigen Schokolade überziehen. Nach Belieben mit gehackten Mandeln bestreuen und auf einem Kuchengitter trocknen lassen. Die Lebkuchen vor dem Verzehr zwischen Pergamentpapierlagen in einer Blechdose etwa zwei Wochen lagern.

**Teig**
- 450 g Weizenmehl (Type 1050)
- 125 g Roggenmehl (Type 1150)
- 1 TL Lebkuchengewürz
- ½ TL gemahlener weißer Pfeffer
- 1 Prise Salz
- 125 g Honig
- 125 g Zucker
- 3 TL Natron oder Backpulver
- 1 Tasse kalter Bohnenkaffee
- 1 EL Anissamen
- 100 g Orangeat
- 100 g kandierter Ingwer
- 100 g Rosinen

**Außerdem**
- 2 Kastenformen
- Butter für die Formen
- Semmelbrösel
- Klarsichtfolie

# Elsässer Pain d'Épice

**1** Das Weizen- mit dem Roggenmehl, dem Lebkuchengewürz, dem Pfeffer und dem Salz in einer großen Schüssel mischen. Den Honig, den Zucker, das Natron und den Bohnenkaffee in eine zweite Schüssel geben und mit den Quirlen des Handrührgeräts auf höchster Stufe zu einer geschmeidigen Masse verrühren. Nach und nach die Mehl-Gewürzmischung untermischen und alles zu einem festen Teig verarbeiten, der reißend vom Löffel fallen soll.

**2** Den Anis in einem Mörser zerstoßen. Das Orangeat und den kandierten Ingwer mit einem scharfen Messer fein hacken oder in einer Küchenmaschine zerkleinern. Den Anis, die Oreangeat- und Ingwerwürfel sowie die Rosinen unterheben und gründlich mit dem Teig verkneten. Abdecken und zwei bis drei Tage ruhen lassen.

**3** Den Backofen auf 175 °C (Gas Stufe 2, 155 °C Umluft) vorheizen. Zwei Kastenformen mit Butter einfetten und mit Semmelbröseln ausstreuen. Den Teig halbieren und je eine Hälfte in eine Kastenform füllen. Auf der unteren Schiene des Backofens etwa 60 bis 65 Minuten backen. Mit einem Holzstäbchen können Sie prüfen, ob der Kuchen gar ist. Kleben noch Teigreste daran, die Backzeit um ein paar Minuten verlängern.

**4** Die Pains d'Épice in den Formen auskühlen lassen, dann mit einem scharfen Messer herauslösen und auf ein Gitter stürzen. Sobald die Kuchen abgekühlt sind, in Klarsichtfolie wickeln und vor dem Verzehr einige Tage ruhen lassen. Zum Frühstück oder zum Tee servieren.

**Teig**

- 250 g Honig
- 250 g Zucker
- 100 g Butter
- 2 Eier (M)
- 1 Prise Salz
- 2 TL gemahlener Zimt
- 1 TL gemahlene Gewürznelken
- ¼ TL gemahlener Kardamom
- ¼ TL gemahlener Ingwer
- abgeriebene Schale
von ½ unbehandelten Orange
- 3 Tropfen Bittermandelaroma
- 1 TL Hirschhornsalz
- 1 TL Pottasche
- 750 g Weizenmehl (Type 1050)

**Außerdem**

- etwas Mehl
- Glas (4–5 cm Durchmesser)
- oder kreisförmiger Ausstecher
- Backpapier

**Guss**

- 250 g Puderzucker
- 2 EL Zitronensaft
- 300 g geschälte, halbierte
Mandeln

# Litauische Kathrinchen

**1** Den Honig, den Zucker und die Butter in einem kleinen Topf erhitzen und solange rühren, bis sich der Zucker aufgelöst hat. Vom Herd ziehen und abkühlen lassen.

**2** Die Eier und das Salz in einer Schüssel mit den Quirlen des Handrührgeräts auf höchster Stufe schaumig schlagen. Die Gewürze, der Orangenabrieb und das Bittermandelaroma daruntermischen. Die Eier-Gewürzmischung mit der Honigmasse zu einer geschmeidigen Masse verrühren. Das Hirschhornsalz und Pottasche jeweils in je 1 Esslöffel Wasser auflösen. Das Mehl portionsweise und abwechselnd mit der aufgelösten Pottasche und dem Hirschhornsalz daruntergeben. Mit den Knethaken des Handrührgeräts zu einem geschmeidigen Teig verarbeiten. Den Teig abdecken und 2 bis 3 Tage bei Zimmertemperatur ruhen lassen.

**3** Den Backofen auf 175 °C (Gas Stufe 2, 155 °C Umluft) vorheizen. Eine Arbeitsfläche mit Mehl bestreuen und den Teig darauf etwa 1 Zentimeter dick ausrollen und mithilfe eines Glases oder einer Ausstechform runde Plätzchen ausstechen. Ein Backblech mit Backpapier auslegen und die Kathrinchen daraufsetzen. Im Backofen 15 bis 17 Minuten backen.

**4** Das Gebäck auf einem Kuchengitter etwas abkühlen lassen. Den Puderzucker mit dem Zitronensaft und 3 Teelöffel Wasser glatt rühren und die Kathrinchen damit überziehen. Kreuzweise mit Mandelhälften belegen und gut trocknen lassen. Vor dem Verzehr zwischen Pergamentpapierlagen in einer Blechdose etwa 2 Wochen lagern.

**Telg**

- 240 g Zartbitter-Schokolade
- 1 Vanilleschote
- 160 g Butter
- 120 g brauner Rohrzucker
- 1 Ei (M)
- 1 EL Milch
- ½ Päckchen Backpulver
- 2 TL Lebkuchengewürz
- 120 g weißer Zucker
- 80 g gehackte Haselnüsse
- 200 g Weizenmehl (Type 1050)

**Außerdem**
- Backpapier
- Klarsichtfolie

# Lebkuchen-Cookies

**1** Den Backofen auf 175 °C (Gas Stufe 2, 155 °C Umluft) vorheizen. Die Schokolade mit einem scharfen Messer fein hacken oder in einer Küchenmaschine zerkleinern. Die Vanilleschote mit einem kleinen Messer längs halbieren, mit dem Messerrücken das Mark herauskratzen und beide Zutaten beiseitestellen. Die Vanilleschote zur Herstellung von Vanillezucker verwenden: Dazu einfach in ein Schraubglas mit weißem Zucker geben.

**2** Die zimmerwarme Butter in Stücke schneiden und in eine große Rührschüssel geben. Den braunen Rohrzucker dazugeben und mit den Quirlen des Handrührgeräts zu einer geschmeidigen Masse verrühren. Das Ei und die Milch sorgfältig unterrühren. Die gehackte Schokolade, das Vanillemark, das Backpulver, das Lebkuchengewürz, den weißen Zucker, die gehackten Haselnüsse und das Mehl vermischen und nach und nach unter die Butter-Ei-Mischung ziehen.

**3** Ein Backblech mit Backpapier auslegen. Mithilfe eines Teelöffels und mit jeweils 5 Zentimeter Abstand kleine Teighäufchen daraufsetzen. Die Cookies im vorgeheizten Backofen auf der mittleren Schiene in ca. 10 Minuten backen.

**4** Die Cookies herausnehmen und auf einem Kuchengitter gut auskühlen lassen. Vor dem Verzehr zwischen Pergamentpapierlagen in einer Blechdose einige Tage lagern und dann zum Kaffee serviere.

Zutaten für eine Auflauf-
form (34 x 25 x 6 cm)

**Teig**
- 250 ml Rotwein
- 2 Stangen Zimt
- 2 ganze Gewürznelken
- 300 g trockene Oblaten-
lebkuchen ohne Glasur
- 250 g Magerquark (0,2 % Fett)
- 200 g Mascarpone
- 4 EL Milch
- 4 EL Rum
- 2 Päckchen Vanillezucker

**Außerdem**
- ungesüßtes Kakaopulver

# Lebkuchen-Tira-mi-sù

**1** Den Rotwein mit dem Zimt und den ganzen Gewürznelken in einem kleinen Topf zum Kochen bringen. Bei
höchster Temperatur weiterkochen lassen und so in etwa
10 Minuten auf die Hälfte der Flüssigkeit reduzieren. Die
Rotwein-Gewürz-Mischung vom Herd ziehen, beiseitestellen und abkühlen lassen.

**2** Mit einem scharfen Messer die Oblaten von den
ungefüllten, unglasierten Lebkuchen entfernen. Die Lebkuchen auf einem Holzbrett mit einem scharfen Messer in
2 x 2 Zentimeter große Würfel schneiden und 15 Minuten
in der Rotwein-Gewürz-Mischung einweichen.

**3** Den Magerquark, den Mascarpone, die Milch, den
Rum und den Vanillezucker in einer Schüssel mit einem
Schneebesen zu einer glatten Creme rühren.

**4** Den in Rotwein marinierten Lebkuchen auf den Boden der Auflaufform geben und mit einem breiten Messer
oder einer Palette eine Schicht Quark-Mascarpone-Creme
darüberstreichen. Wieder eine Schicht Lebkuchenwürfel
darauflegen und diese zum Abschluss mit der Creme
bestreichen. Die Lebkuchen-Tira-mi-sù mit Klarsichtfolie
abdecken, kühl stellen und 4 Stunden durchziehen lassen.
Das Kakaopulver darübersieben oder in einen Puder-
zuckerstreuer geben und darüberstäuben. Eisgekühlt
als Dessert oder zum Nachmittagskaffee servieren.

# Über dieses Buch

## Die Autorin

Gabriele Redden arbeitete nach dem Studium in Deutschland und in den USA als Verlagslektorin, TV-Redakteurin und Ressortleiterin in einer großen Frauenzeitschrift. Sie schrieb mehrere Kochbücher, darunter »Vergessene Gemüse« und »Räuchern«. Heute schreibt sie als freie Journalistin über die schönen Dinge des Lebens: Essen, Wein und Reisen. Gabriele Redden lebt derzeit auf Mallorca.

## Der Fotograf

Karl Newedel, Münchner Fotodesigner, sammelte nach seiner Ausbildung zum Koch nationale wie internationale Erfahrung in großen Häusern, bevor er sich 1982 als freischaffender Food-Stylist einen Namen machte. Seit 1996 agiert er selbst hinter der Kamera und gibt mit seinen Fotografien zahlreichen Büchern ein unverwechselbares Gesicht.

## Bildnachweis

Alle Fotos: Karl Newedel, München, mit Ausnahme folgender Bilder: P+R Studio, Helmut Peters, München (4 oben, oben, 15, 21, 29, 35, 48, 55, 59, 61, 63, 65, 67, 69, 71, 73, 75). Die Hausbücher der Nürnberger-Zwölfbrüderstiftungen: Seiten 6 und 9

## Impressum

ISBN 978-3-8094-2854-1

© 2011 by Bassermnn Verlag, einem Unternehmen der Verlagsgruppe Random House GmbH, 81673 München
Die Originalausgabe erschien 2009 im Weltbild Buchverlag unter dem Titel: Lebkuchen – Die besten Rezepte für Genießer.

Umschlaggestaltung: Atelier Versen, Bad Aibling
Layout: X-Design, München
Bildredaktion: Martina Fuchs
Projektleitung: Anja Halveland

Die Ratschläge in diesem Buch sind von der Autorin und vom Verlag sorgfältig erwogen und geprüft, dennoch kann eine Garantie nicht übernommen werden. Eine Haftung der Autorin bzw. des Verlags und seiner Beauftragten für Personen-, Sach- und Vermögensschäden ist ausgeschlossen.

Satz: Nadine Thiel | kreativsatz
Druck und Verarbeitung: Mohn media Mohndruck GmbH, Gütersloh

Printed in Germany

FSC
www.fsc.org
MIX
Papier aus verantwortungsvollen Quellen
FSC® C011124

Verlagsgruppe Random House FSC-DEU-0100
Das für diesen Titel verwendete FSC®-zertifizierte Papier *Profimatt* wurde produziert von Sappi Ehingen.

817 2635 4453 6271

## Verwendete Abkürzungen

| | | | |
|---|---|---|---|
| EL | Esslöffel | L | Large, groß (bei Eiern) |
| g | Gramm | M | Medium, mittel (bei Eiern) |
| kg | Kilogramm | ml | Milliliter |
| l | Liter | TL | Teelöffel |

# Von A bis Z